W0068563

wienfacetten

Wien und die Psyche

55 Schauplätze
der Seelenheilkunde

Hannes Doblhofer

Metroverlag

INHALT

Für meine Kinder, Rosa und Valentin.

Liebe Leserinnen und Leser,

was in der Psychotherapie vor sich geht, weiß keiner außer denen, die sie machen. Gegenstand dieser Behandlung sind Phänomene, die sich in den zwischenmenschlichen Beziehungen zeigen: Schwierigkeiten im Umgang mit Gefühlen, Angst, seelische Erschöpfung, Partner- und Ehekonflikte, Probleme des Kindes- und Jugendalters, Zwänge, sexuelle Störungen.

Es geht um seelische Belastungen, die durch körperliche Erkrankungen entstanden sind, oder körperlich ausgelöste seelische Konflikte.

Psychotherapie ist die Wissenschaft der eigenen Erfahrung, das subjektive Erleben bildet den Fokus der Aufmerksamkeit.

In Wien hat vieles begonnen, diese Stadt kann ohne Übertreibung als das „Las Vegas der Seelenforschung" bezeichnet werden. Kaum anderswo sind PsychotherapeutInnen so omnipräsent und therapeutische Schulen so zahlreich und vielgestaltig vertreten.

Hier wurden die Psychoanalyse und die Individualpsychologie, die Logotherapie und das Psychodrama (und viele andere Therapierichtungen) begründet und das Unbewusste analysiert.

Da wurzeln die Lehren von Freud, Adler, Reich und Moreno, ihrer Zirkel, Bündnisse und Gefolgschaften.

Geht man noch weiter zurück, so findet man, dass sich Psychologie und Medizin ihrerseits aus einer archaischen Lehre vom Heil und der Heilung entwickelt haben, die man mit einigem Recht Psychotherapie nennen kann – Seelendienst, wie die wörtliche Übersetzung dieses griechischen Ausdrucks lautet.

Die Psychotherapeuten sind Nachfolger der Heiler, der Medizinmänner, Priester und Wundertäter, heute aber präsentiert sich Psychotherapie als zeitgemäße Wissenschaft. Doch eine Geschichte der seelischen Krisen und ihrer Heilung muss auch Sozialgeschichte sein. Die Frage nach dem Weg aus seelischen Krisen zur Gesundung ist eine der schwierigsten, die es überhaupt gibt. Psychische Leiden sind immer sozial bestimmt und Psychotherapie muss sich mit den Systemen einer Gesellschaft befassen, die geistig-seelische-körperliche Symptome mitbestimmen. Denn was wir tun, ist damit verknüpft, was wir denken und fühlen.

Psychotherapie setzt eine intensive Beziehung zwischen zwei Menschen voraus, die durchaus unterschiedliche Persönlichkeiten und Wertesysteme haben.

Das vorliegende Buch ist ein „Reiseführer", es zeigt Wege zu markanten Persönlichkeiten und ihren Wirkungsstätten, nennt Institutionen der unterschiedlichsten psychotherapeutischen Richtungen und Tätigkeitsbereiche.

Für den therapeutischen Erfolg mit einer bestimmten Lehre ist es weniger entscheidend, ob man das Vokabular von Freud, Adler, Jung, Pawlow oder Rogers (um nur einige zu nennen) übernimmt.

Es kommt darauf an, den Hilfesuchenden Erkenntnisse zu ermöglichen, die geeignet sind, ihn zu ermutigen, eingeschliffene, ungünstige Erfahrungen zu korrigieren und neurotische Symptome zu überwinden.

Diese, auch in Wien verortete pluralistische Psychotherapie, lässt jeder begründeten Schulmeinung ihr Recht und verweigert allen von ihnen den Anspruch, die ganze Wahrheit zu erfassen.

Was bleibt ist die Idee einer kritischen Psychotherapie und das Ziel: „Werde, der Du bist!"

Hannes Doblhofer

Rossknödel und Liwanzen

••••••••••••••••••••••••••••••

Das Café Siller – das Wohnzimmer der Psychoanalytiker

Am Schwedenplatz war immer viel los, zahlreiche schwarze Droschken und Kutschen warteten vor dem Schanigarten des Café Siller. Da lärmten die Marktschreier und Blumenfrauen, vom Donaukanal war der Fisch zu riechen, der dort verarbeitet wurde, die frischen Rossknödel und der Pferdeurin störten nicht, weil eine stete Brise für Frischluft sorgte.

So ähnlich beschrieb Peter Altenberg die Atmosphäre rund um das berühmte Kaffeehaus, in dem Kultur, Wissenschaft, Politik, Philosophie und Psychoanalyse zusammentrafen. Damals galt das Café Siller als „Strandcafé" mit seinem Vorgarten zum Donaukanal hin. Das Kaffeehaus wurde um 1900 von der Familie Siller eröffnet, das Nebenhaus kam alsbald auch in deren Besitz und wurde zum Hotel. Heute logiert hier das Hotel Capricorno, leider erinnert nichts mehr an die illustre Gesellschaft des einstigen Kaffeehauses.

Dort haben sie sich also getroffen, die Doktoren Freud, Adler, Jung und ihre „Jünger", dort soll auch die Mittwoch-Gesellschaft zusammengesessen sein, eine Gruppe von Medizinern, die Freud um sich versammelte, um der Psychoanalyse auch einen institutionellen Rahmen zu geben. Anfangs traf sich die Runde in Freuds Wartezimmer, die sogenannte „Psychologische Mittwoch-Gesellschaft". Aus dieser wurde viele Jahre später die „Wiener Psychoanalytische Vereinigung",

deren Treffen ab April 1908 im Sitzungssaal des medizinischen Doktorenkollegiums in der Rotenturmstraße 19 stattfanden. Eine Zeitlang diente auch das Café Korb in den Tuchlauben als Vereinsstützpunkt.

Vor allem Alfred Adler liebte die informellen Zusammenkünfte im Kaffeehaus und wechselte zwischen dem Café Siller und dem Cafe Herrenhof. Einer seiner jüngsten Schüler, Manès Sperber (siehe S. 37), den Adler schon als 16-Jährigen in seinen Kreis aufnahm, beschreibt die Gewohnheiten seines Mentors: „Außer während der Ferien und wenn er auf Reisen war, verging bis 1928 kaum ein Tag, an dem ich ihm nicht in seinen Kursen oder in den Sitzungen, zu denen sich ein engerer Kreis um ihn versammelte, und jedenfalls an seinem Stammtisch im Café Siller begegnete, wo sich seine Mitarbeiter und seine verlässlichsten Anhänger allabendlich einstellten. Auch wenn der Tag noch so anstrengend gewesen war und wenn ihn die Arbeit, wie es gar oft geschah, bis in den späten Abend beansprucht hatte, kam er doch noch ins Café und begrüßte jeden mit einem guten Wort. Man brach nicht auf, ehe er laut erklärte: ‚Na also, jetzt is ka Schand‘ mehr, nach Haus zu gehn.‘"

Schade, dass sich nirgendwo eine Kaffeehausrechnung fand, dann wüssten wir, ob die Herren Burenwurst und Gulaschsuppe, Eierspeis, Würstel mit Saft oder Liwanzen favorisierten, und ob Freud Gerstensaft oder Adler Rot „gespritzt" bestellte.

Sicher ist aber, dass das Kaffeehaus ein wesentlicher Schauplatz psychoanalytischer Diskussionen war, und gäbe es heute das Café Siller noch, würden manche von einem wahren „Kraftfeld" schwärmen.

Andere Kaffeehäuser, die Freud gerne am späten Abend nach seinen Analysestunden frequentierte, waren im Sommer das Café Landtmann, im Winter das Café Central.

Die Mutter in der Psychoanalyse

Melanie Klein (1882–1960)

Als jüngstes Kind der orthodox-jüdischen Lemberger Familie Reizes wird Melanie 1882 in Wien geboren. Die finanzielle Lage der Reizes ist bescheiden, und so muss Melanie zugunsten ihres Bruders auf ihren großen Wunsch, Medizin zu studieren, verzichten. Stattdessen heiratet sie mit 21 Jahren den Chemiker Arthur Klein und zieht mit ihm nach Budapest, wo ihre drei Kinder geboren werden. Ihre Ehe schlittert bald in eine Krise, und als Melanie mit psychosomatischen Beschwerden reagiert, unterzieht sie sich 1918 einer Psychoanalyse bei Sándor Ferenczi. Im selben Jahr nimmt sie am internationalen psychoanalytischen Kongress in Budapest teil und lernt dort Freud kennen. Das bringt den endgültigen Entschluss, selbst Psychoanalytikerin zu werden. Nach ihrer Übersiedlung nach Berlin trennt sie sich von ihrem Mann und muss nun selbst für ihren Lebensunterhalt aufkommen. Der Freud-Schüler und Vertraute Karl Abraham nimmt sie unter seine Fittiche und hilft ihr bei der Eröffnung ihrer eigenen Praxis. Wie so oft bei den psychoanalytischen „Pionieren" stammen die ersten Fälle aus der eigenen Familie. So auch bei Melanie Klein, deren Kinder unter großen psychischen Schwierigkeiten nach dem Trennungswirrwarr leiden und von ihr analysiert werden. Im Mittelpunkt ihrer Forschungstätigkeit steht die Beziehung des Säuglings zur Mutter, die Art und Weise, wie ein Mensch die Welt wahrnimmt, und mit welchen Erwartungen er an sie herantritt. Wichtig erscheinen ihr die frühen Bezugspersonen („Objekte"), die die Wahrnehmung des Kindes prägen. Sind diese „böse" reagiert das Kind mit Aggression. Voller Ehrgeiz entwickelt sie eine psychoanalytische Spieltechnik und beweist in ihren Therapien, dass schon die Jüngsten Spielzeuge hauptsächlich dazu verwenden, um Fantasien und Ängste symbolisch auszudrücken. Damit beginnt die berühmt gewordene Kontroverse mit Anna Freud, die sehr skeptisch gegenüber der durchgängigen Ausdeutung des Spieles ist und sich gegen die Erweiterung der Freud'schen Theorie um die Bedeutung der Mutter im frühkindlichen Alter wehrt. Andere Kollegen hingegen befürworten ihre Theorien, unter anderem Alex Stretchy, die Melanie Klein den Kontakt zur Londoner Psychoanalytischen Gesellschaft und eine Einladung zu einer Vortragsreise nach England verschafft. Der Vorsitzende der Vereinigung, Ernest Jones, ersucht Melanie Klein sogar um die Analyse seiner Kinder. Als gefragte Psychoanalytikerin eröffnet sie bald darauf in London ihre Praxis und kehrt nicht mehr nach Berlin zurück.

Ihre umfangreichen Arbeiten bedeuten noch heute Meilensteine auf dem Feld der Kinderanalyse.

Buchtipp: Die neueste Biographie von Melanie Klein stammt von einer der bekanntesten französischen Psychoanalytikerinnen, Julia Kristeva. „Das weibliche Genie – Melanie Klein, Gießen 2008, Psychosozial-Verlag.

Wie der Vater,
so der Sohn

••••••••••••••••••••••••••••••

Paul Federn (1871–1950), Ernst Federn (1914–2007)

Einer der ersten Schüler Freuds und einer seiner engsten Vertrauten war der jüdische Arzt Paul Federn. Als er immer wieder unter depressiven Anfällen leidet, sucht er Hilfe bei Freud und wird bald Mitglied der Mittwochs-Gesellschaft. Nach Analysen bei August Aichhorn und Wilhelm Reich beginnt Federn, sich nach und nach mit einer eigenen Theorie auf dem Gebiet der Psychosen zu profilieren, die allerdings wegen seiner großen Loyalität zu seinem Lehrmeister Freud erst nach seinem Tod breiter rezipiert wird. Der Psychoanalyse schreibt er eine wichtige Rolle beim Umbau der Gesellschaft zu. Als sozialdemokratischer Bezirksrat arbeitet er tatkräftig an einem Arbeitslosenprojekt in Wien-Ottakring mit und setzt sich für psychoanalytische Volksaufklärung ein. 1926 publiziert er das „Psychoanalytische Volksbuch". Zu jener Zeit ernennt ihn Freud bereits offiziell zu seinem Nachfolger. 1938 gelingt der Familie Federn mit Ausnahme von Sohn Ernst die Emigration über Schweden nach Amerika, wo der Vater wieder als Lehranalytiker arbeitet. Nach langem Kampf gegen einen bösartigen Tumor, setzt Paul Federn nach dem Tod seiner Frau und kurz vor einer Operation im Mai 1950 seinem Leben ein Ende. Die Sensationslust der Medien am Tod von „Freuds Stellvertreter" kannte damals keine Grenzen!

Sein Sohn Ernst hat eigentlich nicht vor, in die Fußstapfen seines Vaters zu treten, sondern studiert zunächst Jus. Wichtiger als sein Studium ist ihm jedoch sein politisches Engagement. Im Wien der 30er-Jahre ist er als marxistischer Sozialist gezwungen, in den Untergrund zu gehen, unterstützt von seiner blutjungen Geliebten und späteren Frau, Hilde Paar. 1938 wird er verhaftet und nach Buchenwald deportiert. Sieben Jahre lang verbringt er dort und wird innerhalb des Lagers zum psychologischen Berater. Mit seinem Mitgefangenen, dem Kinderpsychologen Bruno Bettelheim, diskutiert er über die Psychologie des Terrors. Trotz der traumatischen Erfahrungen bleibt sein Widerstandsgeist nach seiner Befreiung 1945 ungebrochen. Er übersiedelt zunächst nach Brüssel, dann nach New York, wo er nach einer Lehranalyse als Familienberater, Sozialarbeiter und Psychotherapeut tätig ist. Seine Arbeit ist von sozialreformatorischem Geist erfüllt und fußt auf den Ideen des Vaters und August Aichhorns. Er wird amerikanischer Staatsbürger, kehrt aber auf Einladung von Justizminister Christian Broda nach Österreich zurück, wo er ab 1973 an der Reform des österreichischen Strafvollzugs mitarbeitet. Hochbetagt stirbt der legendäre erste Psychologe im Strafvollzug 2007 in Wien. Sein Grab befindet sich am Döblinger Friedhof. Seine Pionierleistung war die psychoanalytische Erforschung des institutionalisierten Terrors und als Historiker die Herausgabe der Protokolle der Psychoanalytischen Vereinigung.

„Wir tragen die soziale Verantwortung, wir Analytiker aller Richtungen", war das Credo beider Federn, Vater und Sohn.

Buchtipp: Ein Leben mit der Psychoanalyse von Ernst Federn, Psychosozial-Verlag 2002.

Treffpunkt: Mittwoch Abend

Wiener Psychoanalytische Vereinigung

Nachdem Freud mit den „Studien zur Hysterie" und der „Traumdeutung" die ersten Grundlagen zur psychoanalytischen Theoriebildung gelegt hatte, versammelte er ab 1902 die sogenannte Mittwochs-Gesellschaft um sich. Das waren Kollegen, die sich für die psychoanalytische Methode interessierten und sich zum Gedankenaustausch in Freuds Arbeitsräumen in der Berggasse trafen. Seit 1908 nannte sich die Gruppe Wiener Psychoanalytische Vereinigung, offiziell wurde der Verein aber erst am 12. Oktober 1912 gegründet. 100 Jahre später, im März 2008, übersiedelte die WPV aus dem Freud-Haus in den ersten Bezirk. Obwohl die Berggasse für die Psychoanalyse-Community einen ähnlich symbolischen Gehalt hat wie Graceland für Elvis-Presley-Fans, fühlten sich die Wiener Psychoanalytiker von der dort 2003 entstandenen Sigmund-Freud-Privatstiftung nicht mehr standesgemäß vertreten. Kritisiert wurde vor allem, dass weder im Vorstand noch im Aufsichtsrat ein Vertreter vom Fach sitzt. Das Interesse der Stiftung und der Stadt Wien ist allerdings ein ganz anderes, nämlich die professionelle Vermarktung des berühmten Gründers der Psychoanalyse.

Die Geschichte der Psychoanalyse ist reich an Spaltungen und Grundsatzdiskussionen. Umso beachtenswerter, dass nun sowohl die WPV als auch der WAP (Wiener Arbeits-kreis für Psychoanalyse) sich das neue Zentrum teilen und gemeinsam die Psychoanalytische Akademie betreiben. Weg von der Couch mit dem orientalischen Muster und dem musealen Sammlungscharakter, findet man hier am Salz-gries fünf helle freundliche Behandlungsräume mit schlich-ten Liegen und einen Vortragssaal mit einfachen Sesseln.

Freud, so ist überliefert, war selbst kein Freund des Perso-nenkults: „Ich habe eine Antipathie gegen persönliche Reli-quien, Autogramme, Handschriftensammlungen und alles, was davon rührt", schrieb er wenige Jahre vor seinem Tod in einem Brief.

Neben der Ausbildung von Psychoanalytikern haben die beiden Vereine die Aufgabe, die Psychoanalyse als Wissen-schaft zu fördern und weiterzuentwickeln.

Die Wiener Psychoanalytische Akademie ist das gemein-same Projekt. Ziel ist es, die Vereinigungen einer breiteren Öffentlichkeit zugänglich zu machen und mit dieser in lebendigen Diskurs zu treten. Die Akademie richtet sich mit ihren Veranstaltungen rund um die Psychoanalyse ebenso an interessierte Laien wie an Kollegen anderer psychotherapeutischer Schulen und an Psychoanalytiker. Zentraler Punkt im Veranstaltungsprogramm sind die tra-ditionellen Freud-Vorlesungen, allerdings nicht mehr an Mittwoch Abenden.

Das Wiener Psychoanalytische Ambulatorium bietet dank Ver-trägen mit den Sozialversicherungsträgern auch finanziell mit-tellosen Patienten psychoanalytische Beratungen und Behand-lungen an. Der Patient muss zum Erstgespräch eine schriftliche Bestätigung eines niedergelassenen Arztes mitbringen, dass aus medizinischer Sicht nichts gegen eine Psychotherapie spricht.

Der Theatermacher

Jakob Levy Moreno (1889–1974)

Er ist der Begründer des Psychodramas, des Rollenspiels und Mitbegründer der Gruppentherapie. Moreno war Arzt und kam als ältester Sohn sephardisch-türkisch-jüdischer Eltern mit sechs Jahren nach Wien. Während des Ersten Weltkrieges ist er in der Kinderstation eines Flüchtlingslagers in der Nähe von Wien aktiv und wird später Gemeindearzt in Bad Vöslau. Seine Auseinandersetzung mit spirituellen und philosophischen Themen mündet in Texten die unter dem Titel „Einladung zur Begegnung" erscheinen. Austausch, Begegnung und Selbsterfahrung sind Leitlinien seiner Therapie – Psychodrama ist sowohl eine gruppen- wie auch eine einzelpsychotherapeutische Methode. Der Therapeut inszeniert und organisiert heilsame Begegnungsmöglichkeiten zwischen den Gruppenmitgliedern. Der Einsatz psychodramatischer Techniken dient der Förderung von Spontaneität und Kreativität. Zentral sind dabei Szenenaufbau, Rollenwechsel und Rollentausch, sowie die Technik der Nachbesprechung, welche die Integration des neuen Erlebens ermöglicht. Ziel psychodramatherapeutischer Arbeit ist die Entfaltung und Erhaltung der Spontaneität als Voraussetzung für Kreativität in der Gestaltung der Lebensrollen und der Szenen des Lebens. Moreno selbst entfaltet früh schauspielerische Fähigkeiten – als Vierjähriger versuchte er Gott zu spielen. Später, beim Gang durch den Augarten auf dem Weg zur Universität, ist

er für die Kinder der Geschichtenerzähler. In der Mayse-
dergasse mietet sich Moreno bei der Vereinigung der bil-
denden Künstlerinnen ein und betreibt dort gemeinsam
mit befreundeten Künstlern ab 1921 ein kleines Stegreif-
theater, in dem unter aktiver Beteiligung der Zuschauer
Szenen und konfliktträchtige Lebenssituationen spontan
zur Aufführung gelangen. Legendär wird der Auftritt eines
jungen Ehepaars, das im Spiel die Ursache seines Konflikts
erkennt und diesen im Lachen auflöst. 1925 kommt Moreno nach Amerika. Als „Miterfinder" der elektromagneti-
schen Tonspeicherung hofft er auf geschäftlichen Erfolg,
der sich jedoch nicht einstellt. 1929 gründet er in der New
Yorker Carnegie Hall das „Impromptu Theatre", er präsentiert seine psychodramatischen Techniken in der Öffentlichkeit, wird schließlich als Psychiater anerkannt und
gründet 1936 ein psychiatrisches Privatsanatorium. Im
Zentrum seiner Theorie ist der einzelne Mensch untrenn-
bar mit seinen emotional wichtigen Bezugspersonen ver-
bunden. Im hohen Alter wird Moreno mit dem Ehrendoktorat der Medizinischen Fakultät von Barcelona und dem
Goldenen Doktorat der Universität Wien geehrt. Er stirbt
mit 85 Jahren in Beacon nördlich von New York. Erst 20
Jahre nach seinem Tod (1974) wird die Urne in ein Ehren-
grab am Wiener Zentralfriedhof überführt. Auf dem Wiener Grabstein steht geschrieben: „Der Mann, der Freude
und Lachen in die Psychiatrie brachte."

*Besuchstipp: Das Haus Moreno in Maital 4 in Bad Vöslau, das
mithilfe von Spenden und auf Betreiben eines internationalen
Komitees als Dokumentations- und Forschungsstätte eingerich-
tete werden soll. Mehr unter www.moreno-museum.at*

Die Psychologie der Frau

•••••••••••••••••••••••••••••

Helene Deutsch (1884–1982)

Sie ging als „Freuds Liebling" in die Geschichte der Psychoanalyse ein und war eine der wichtigsten Theoretikerin-
nen der weiblichen Sexualität.

Helene Rosenbach stammt aus Galizien, das damals noch zu
Österreich-Ungarn gehörte. Als Tochter eines jüdischen
Rechtsanwalts genießt sie eine höhere Schulbildung und
bekommt Privatstunden, um sich auf die Matura vorzubereiten. Schicksalsträchtig wird die Begegnung der 14-Jährigen
mit dem wesentlich älteren verheirateten Sozialistenführer
Hermann Liebermann, der ihr Interesse für Politik weckt.
Die leidenschaftliche Affäre zwischen den beiden hält 13
Jahre lang an. Helene studiert in Wien Medizin, Liebermann
wird dort Abgeordneter, dann geht Helene nach München,
wo sie ihre wissenschaftliche Arbeit beim Psychater Emil
Kraeplin beginnt. 1911 beendet sie ihre Liaison mit Liebermann, der sich aus Rücksicht auf seine Partei nicht scheiden
lassen will. Sie verliebt sich in den Internisten Felix Deutsch,
heiratet ihn und promoviert im selben Jahr zum Doktor der
Medizin. Als unbezahlte Assistentin arbeitet sie zunächst an
der Psychiatrischen Universitätsklinik bei Julius Wagner-
Jauregg, der Freuds bedeutender Gegenspieler ist. Als sie
1918 eine Lehranalyse bei diesem beginnt, muss sie ihre
Tätigkeit in der Klinik beenden. Sie tritt der Psychoana-

lytischen Vereinigung bei und wird bald Freuds Assistentin. Von Distanz und Entfremdung zu Freud wird berichtet, als Felix Deutsch, der gleichfalls Mitglied der Vereinigung war, als behandelnder Arzt Freuds diesem angeblich die Bösartigkeit seiner Krebserkrankung vorenthalten hat.

Helene Deutsch verlässt Wien, setzt ihre eigene Analyse bei Karl Abraham in Berlin fort, ist dort am Psychoanalytischen Institut tätig und kehrt später wieder zurück, um in Wien, nach Berliner Vorbild, eine analytische Ausbildungsinstitution aufzubauen. Die Räumlichkeiten befinden sich in der Herzstation der Wiener Allgemeinen Poliklinik im 9. Bezirk, Pelikangasse 18, dem beruflichen Umfeld ihres Mannes.

International wird sie als Expertin rasch bekannt, als Frau in der Männerdomäne referiert sie bei Kongressen über „Die Psychologie des Weibes in den Funktionen der Fortpflanzung".

Mit ihrem Mann engagiert sie sich in der Analytiker-Ausbildung und etabliert einen Samstag-Zirkel, der sich abends im „Klub schwarze Katze" zu Diskussionen, Fallbesprechungen und Kartenspiel trifft. Die politische Entwicklung in Europa und das Engagement von Sohn Martin (geb. 1917) gegen den Ständestaat forcieren 1934 die Entscheidung des Ehepaars, Wien zu verlassen, ein Entschluss, der von Freud nicht akzeptiert wird. Als Helene ihm zum 80. Geburtstag eine Glückwunschkarte aus Boston schreibt, erhält sie die Antwort: „In Liebe, doch unversöhnt." Noch im hohen Alter betätigt sie sich aktiv-politisch bei amerikanischen Antikriegsdemonstrationen: „Ich trug meinen weißen Arztkittel ... ich war der einzige alte Mensch ... und das versetzte mich in Verlegenheit, bis ich merkte, das meine jungen Kollegen begeistert reagierten."

Buchtipp: Freuds Liebling Helene Deutsch. Das Leben einer Psychoanalytikerin. Beltz BVU 1989.

Der vergessene Pionier

·····························

Otto Rank (1884–1939)

Hochsensibel und kulturell interessiert fühlt sich Otto Rosenfeld in seinem ärmlichen jüdischen Elternhaus in der Leopoldstadt schon als Kind fehl am Platz. Genauso ist es mit seinem Beruf als Schlosser. Mit 16 Jahren bricht er den Kontakt zu seinem alkoholkranken Vater ab und nennt sich später Otto Rank. In Ermangelung elterlicher Unterstützung bildet er sich autodidaktisch weiter, sieht sich selbst als Lebenskünstler, der vor dem jüdischen Glauben flieht und konsequent die israelische Religionsgemeinschaft verlässt. 1905 stellt ihn sein Hausarzt, Alfred Adler, Sigmund Freud vor. Dieser erkennt im energievollen Rank einen fähigen Privatsekretär und Schatzmeister der Vereinigung. Für den jungen Mann ist Freud die vermisste Vaterfigur, dieser formt und fördert ihn, auch mit finanziellen Mitteln, bis er sein Studium der Germanistik und Philosophie abgeschlossen hat.

Otto Rank wird zu einem der wichtigsten Männer der frühen psychoanalytischen Bewegung. Heute ist er beinahe vergessen. Wie andere Freud-Abtrünnige (wie z. B. Sándor Ferenczi) wird er als geisteskrank denunziert und seine Theorien werden als Folge dieses abnormen Geisteszustandes abgewertet. Hauptverantwortlich dafür ist der Freud-Biograf, Ernest Jones, der den Grundstein für diese Einschätzung

Ranks legt. Sowohl Jones, der hauptverantwortlich für die Internationale Psychoanalytische Presse ist, als auch Rank als Leiter des Psychoanalytischen Verlags ringen um die Liebe und Anerkennung Freuds. Verschärft wird die Lage noch durch die Krebserkrankung Freuds im Jahre 1923, die die Frage der Nachfolge aufwirft.

In dieser Situation erscheinen 1924 zwei Bücher, an denen sich der Konflikt entzündet. Das eine ist eine Gemeinschaftsarbeit von Ferenczi und Rank, „Entwicklungsziele der Psychoanalyse", und „Das Trauma der Geburt und seine Bedeutung für die Psychoanalyse" von Otto Rank. Auf circa 650 Seiten versucht er, das Walten des Ödipuskomplexes anhand einer nicht enden wollenden Fülle von Material aus Mythologie, Märchen und Literatur nachzuweisen. Einen besseren Schüler konnte sich Freud nicht wünschen, doch stellt Rank auch Thesen Freuds in Frage. Damit erschließt Rank psychoanalytisches Neuland, doch der Bruch zeichnet sich ab, Freud geht auf Distanz. Zwei Jahre später weicht Rank nach Paris aus und emigriert 1936 schließlich nach New York, wo er die Casework-Schule begründet, die als eine der ersten die psychotherapeutische Therapie zeitlich begrenzt.

Parallel dazu entwickelt Rank seine „Willenspsychologie" und „Willenstherapie", die den Willen und die Entscheidungsfähigkeit des Menschen betonen. Seine Werke vor 1924 gelten als Klassiker der Psychoanalyse. Therapieformen wie „Rebirthing" gehen ungenannt auf Ranks Entdeckung zurück. Er ist der erste neben Alfred Adler, dessen Therapie vom Respekt vor der schöpferischen Kraft der Patienten getragen ist, der die Neurose als impulsgebend – auf dem Weg zu Neuem – nicht nur negativ sieht.

Buchtipp: Otto Rank: Leben und Werk von James E. Lieberman. Psychosozial-Verlag 1997.

Der Rebell

· ·

Theodor Reik (1888–1969)

In Berlin, wo Theodor Reik Studienaufenthalte verbrachte, steht auf einer Gedenktafel in der Reichenhallerstraße 1 über ihn: „Er war einer der ersten, der die Psychoanalyse für ein tieferes Verständnis von Literatur, Religion und Verbrechen nutzte. Ein gegen ihn geführter Prozess veranlasste Sigmund Freud zu einer grundsätzlichen Stellungnahme für die Ausübung der Psychoanalyse für Nichtärzte." Damit sind zwei wesentliche Eckpfeiler seines Lebens umrissen: Nach einer schweren Jugend studiert der junge Reik Psychologie, Philosophie, Literatur- und Religionswissenschaft, und liest, nachdem sich sein Psychologieprofessor abwertend über das Buch geäußert hat, „Die Traumdeutung" von Freud. Persönlich lernt er seinen Förderer 1910 kennen. Freud greift dem talentierten jungen Mann finanziell unter die Arme und nimmt ihn als Nicht-Mediziner in den Analytiker-Zirkel auf. Nach seiner Promotion wird er zum zweiten Sekretär und Bibliothekar der Vereinigung, bis er 1928 nach Berlin zieht, von wo aus er nach der Machtübernahme der Nationalsozialisten über die Niederlande in die USA fliehen kann.

Bereits seine Doktorarbeit beinhaltet eine psychoanalytisch-fundierte literaturkritische Studie zu „Gustave Flaubert und seine Versuchung des heiligen Antonius". Er pflegt Kontakt zu Arthur Schnitzler und anderen Literaten und verfasst Studien zur Bibel- und Religionswissenschaft. Für seine Arbeit über „Initiationsriten" erhält er die Auszeichnung der Psychoanalytischen Vereinigung, die er wegen ihrer institutionellen Starrheit heftig kritisiert, was zu Verwarnungen seitens Freuds führt. Reik ist ein widerborstiger Außenseiter. („Die Psychoanalyse wird aber Psychologie sein oder sie wird nicht sein."). Die gegen ihn erhobenen Vorwürfe der Kurpfuscherei und die damit angefachte Diskussion veranlasst Freud zur noch heute oft zitierten Stellungnahme „Die Frage der Laienanalyse". Freud dazu im Klartext:

„Wir halten es nämlich gar nicht für wünschenswert, dass die Psychoanalyse von der Medizin verschluckt werde ... Es wird meinen Lesern nicht entgangen sein, dass ... die Psychoanalyse kein Spezialfach der Medizin ist ..."). Freuds Forderung nach einer fundierten psychotherapeutischen Ausbildung (Lehranalyse) und die Zulassung anderer Berufssparten zur Psychotherapie und Psychoanalyse erschüttert das „Therapie-Monopol" der Ärzteschaft.

Mit seiner liberalen Auffassung stößt der Gründer der Psychoanalyse auch in Amerika auf Kritik, weswegen seinem Schüler Reik nach seiner Emigration auch die Vollmitgliedschaft in der dortigen psychoanalytischen Vereinigung verwehrt wird. Theodor Reik gründet daraufhin eine eigene Gesellschaft, die auch Nicht-Medizinern offensteht. Ihr angegliedert wird eine Klinik, die Theodor Reiks Namen trägt. Der „Rebell" wirkt bis an sein Lebensende als Neo-Analytiker und hinterlässt umfassende Werke, die es seit den 1970er-Jahren auch wieder auf Deutsch gibt. Darunter eine bahnbrechende Studie zum Thema Sado-Masochismus („Aus Leiden Freuden").

Buchtipp: Hören mit dem dritten Ohr. Die innere Erfahrung eines Psychoanalytikers. Dieses Standardwerk der Psychoanalyse von Theodor Reik wurde 2007 vom Verlag Klotz, Eschborn, wieder aufgelegt.

Wenn du nicht brav bist ...

....

Ehemaliges Städtisches Durchzugsheim

„Wenn du nicht brav bist, dann kommst du ins Heim" – diese Drohung war bis in die 1970er-Jahre ein beliebtes Erziehungsmittel.

Die Bestrebungen von Julius Tandler (siehe S. 57), und der Reformpädagogik, bedürftigen Kindern „Paläste zu bauen" waren spätestens seit 1934 Geschichte, es ging um Disziplinierung, Strafe und Korrektur, dazu gab es „Erziehungsheime", mit Groß-Schlafsälen, militärischem Drill, blauer Montur, und entsprechend rigidem Personal. Die Örtlichkeiten: Bundeserziehungsanstalt Kaiserebersdorf, Heim Eggenburg, Durchzugsheim „Im Werd". Hier wurde misshandelt, bedroht, mit harter Hand erzogen. Ende der 1960er-Jahre, als Vorzeichen der Jugendbewegung, machten erstmals linke Studenten auf die Missstände in den Erziehungsheimen aufmerksam, der Kampfruf der „Spartakisten" lautete: „Öffnet die Heime!". Die großformatige Zeitung der Studenten „Nachrichten für Unzufriedene", beschrieb die brutalen Methoden der institutionalisierten Jugendwohlfahrt. Betroffen waren zahlreiche Kinder und Jugendliche, die keine Stimme und erziehungsschwache Eltern hatten. Denn jährlich wurden damals in Wien 3.000 Kinder und Jugendliche („Zöglinge") in Heime überstellt, in Durchzugsheimen warteten in der Regel mehrmals 250 Kinder auf einen Platz in einem Dauerheim. Schließlich gab es 1970 eine „Heimrevolte". Vor dem Durchzugsheim „Im Werd 19" formierte sich der lautstarke Protest gegen die haarsträubenden Verhältnisse, gegen Prügelerzieher und Erziehungsterror.

Die Folge des Protestes war die „Wiener Heimkommission 1971", die sich aus Experten aus den Bereichen Sozialpolitik, Heimerziehung, Soziologie, Psychologie, Schule und Psychiatrie zusammensetzte. Ein 32 Punkte umfassendes Programm wurde formuliert und in den folgenden Monaten und Jahren zum größten Teil umgesetzt, was seither als „Wiener Weg der Jugendwohlfahrt" bezeichnet wird.

Tatsächlich wurde vieles radikal umstrukturiert, die Gruppengrößen, die Hilfsangebote, die Einbeziehung der Eltern in die Erziehungsarbeit, die Kontrolle der Erziehung, Supervision für Erzieher waren verpflichtend, ein Aus-, Weiter-, und Fortbildungsprogramm wurde eingeführt.

Aus dem Durchzugsheim wurde eine koedukative Therapiestation, weiße Dienstmäntel und grimmiger Erzieherblick wichen Latzhosen, langen Haaren und einem reformbewegten Personal, das mit größtem Einsatz versuchte, Kinder und Jugendliche in ihrer Not zu begreifen und aktive Lebenshilfe zu leisten. Großheime wurden aufgelöst, ambulante Beratungsstellen gegründet, die Welt der Heimerziehung buchstäblich auf den Kopf gestellt, das Motto lautete: „Wir ziehen in die neue Zeit!"

Mit den Jahren wurde das Therapiekinderheim „Im Werd" ebenso aufgelöst wie das innovative „Institut für Sozialtherapie", das als psychotherapeutische Ambulanz für das Jugendamtsklientel fungierte.

An der gleichen Adresse befindet sich heute eine Werkstätte für Menschen mit Behinderung. Eine eigene Kreativgruppe fertigt ansprechendes Kunsthandwerk und vertreibt es in einem Verkaufsraum und online unter www.jaw-kreativshop.at

Das Brudertier

Viktor Tausk (1879–1919)

„Man versteht die Psychoanalyse immer noch am besten, wenn man ihre Entstehung und Entwicklung verfolgt", schrieb ihr Begründer. Und so war es: Es gab Mitstreiter, Vasallen, Dissidenten und Opfer. Einer von ihnen, Viktor Tausk, war ein Ausgestoßener. Die Jünger wechselten häufig, es gab solche, die an der Struktur der Wiener Psychoanalytischen Vereinigung zweifelten und letztlich an ihr zerbrachen. Der Jurist und Autor Tausk gab seine Karriere zugunsten der Psychoanalyse auf. Er studiert in Wien Medizin, ist oft zu Gast bei Alfred Adler und praktiziert ab 1914 als Analytiker. Seine Erlebnisse als Militärarzt im Ersten Weltkrieg stürzen den Frauenschwarm in eine schwere Depression, er kontaktiert Freud und bittet ihn um eine Analyse.

An keinem anderen Ort, schreibt Freud 1914, habe der Analytiker die „... feindselige Gleichgültigkeit der wissenschaftlichen und gebildeten Kreise" so zu spüren bekommen wie in Wien. Doch feindselig ist Freud selbst, er symbolisiert die Vaterfigur – werden Werk und Idee in Frage gestellt, so zieht dies erbitterte Gegnerschaft und Ausschluss nach sich. Der amerikanische Soziologe und Harvard-Professor Paul Roazen stellt die These auf, Tausk sei einer der wichtigsten Freud-Gefährten gewesen, er habe Freud so nahe gestanden, dass er bisweilen Gedanken „erraten" konnte, die Freud selbst bewegten, ohne dass

dieser sie schon ausgesprochen habe. „Weiß er schon alles?" steht auf einem Zettel, den Freud Lou Andreas-Salomé anlässlich einer Diskussion in der Mittwochs-Gesellschaft zuschiebt, beim wöchentlichen Treffen der Schüler und des Meisters, als Tausk brillante eigene Thesen formuliert, die Freud als die seinen wiederzuerkennen glaubt. Lou, die mit Tausk eng befreundet ist – viele unterstellen den beiden eine sexuelle Beziehung –, notiert in ihrem Tagebuch über Tausk, er besitze eine „leidende Gefühlshaftigkeit bis zur Selbstauflösung".

Damit ist gemeint, was psychoanalytisch als ein partieller Verlust der „Ich-Grenzen" umschrieben wird, eine Fähigkeit, die Künstlern, Kindern, aber auch hochgradig gestörten Menschen, vor allem Schizophrenen, nachgesagt wird.

Freud wollte Distanz zu Tausk und schlug dessen Bitte, ihn in Analyse zu nehmen, ab. Stattdessen ging Tausk zu Helene Deutsch in Behandlung, die ihrerseits bei Freud in Analyse war. Das Arrangement gestattete Freud, Einblick in Tausks Persönlichkeit zu erlangen. Nach wenigen Monaten untersagte er jedoch die Fortsetzung der Behandlung. Am 3. Juli 1919, einen Tag vor seiner Hochzeit mit der jungen Pianistin Hilde Loewi, erschoss und erhängte sich Tausk in seiner Wohnung in der Alserstraße. Freud reagierte distanziert: „Trotz Würdigung seiner Begabung ... kein rechtes Mitgefühl bei mir..." Die „Schuldfrage" relativiert sich angesichts Tausks literarischer Arbeiten, die Einblick in seine Zerrissenheit und Todessehnsucht geben. In einem der vielen Liebesbriefe, die er an seine bereits geschiedene Frau Martha, eine bekannte Sozialpolitikerin, schreibt, suchte er, „einen plausiblen Selbstmordgrund zu bekommen". Den Anlass hatte Freud ihm geboten.

Buchtipp: „Brudertier" von Paul Roazen.
Psychosozial-Verlag 2002.

Die Analyse der Tyrannei

·······························

Manès Sperber (1905–1984)

Besser bekannt ist Manès Sperber als Romanautor. Dass er ein besessener Psychologe war, wissen wenige. In der Auseinandersetzung mit Alfred Adler entwickelte er eine eigene „marxistische Individualpsychologie". Die großen geistigen Herausforderungen des 20. Jahrhunderts – Schoa und Widerstand gegen den Nationalsozialismus, Marxismus, Anti-Stalinismus, die Auseinandersetzung mit dem Unterbewussten – sind in seinem Werk zentral. Markant sind seine Analysen zur Verteidigung der Demokratie. In den 1970er-Jahren sagte er in einem Interview: „Ich bin zu der Überzeugung gelangt, dass mit Gewalt herbeigeführte soziale Verhältnisse für lange Jahre Gewaltmenschen an die Macht bringen. Die mit Gewalt veränderten Besitzverhältnisse (Revolutionen) schaffen gewöhnlich keinen neuen Zustand, es werden nur die Ärsche auf den Stühlen oder Thronen gewechselt, die Throne aber nicht umgestürzt."

1905 im ostgalizischen Stetl Zablotow geboren, flüchtet Manès mit seiner Familie vor dem Ersten Weltkrieg nach Wien. Wie Zehntausende andere jüdische Flüchtlinge finden die Sperbers Unterkunft auf der „Mazzesinsel". Der Vater ist arbeitslos, also muss der Bub als Besteckverleiher zum Unterhalt der Familie beitragen. Im 2. Bezirk besucht Manès das Sophiengymnasium in der Zirkusgasse. Im Alter von 15 Jahren begegnet er Dr. Alfred Adler, Nervenarzt und Begründer der Individualpsychologie. Der erkennt seine Begabung und beauftragt ihn mit eigenen Referaten. Bezeichnenderweise beginnt Sperber mit Themen wie „Die Psychologie des Revolutionärs" und „Die Massenpsychologie". 1926 erhält er vom Internationalen Verein für Individualpsychologie ein Diplom und wird von seinem Meister nach Berlin geschickt, um dort die Individualpsychologie zu verbreiten. Angezogen von den Ideen des Kommunismus tritt Sperber in die KPD ein, was schließlich zum Bruch mit Adler führt. Als Jude und Kommunist wird er 1933 verhaftet, als österreichischer Staatsbürger jedoch wieder freigelassen. Sperber flieht über Jugoslawien nach Paris. Angesichts der Moskauer Schauprozesse bricht er mit dem Kommunismus und meldet sich als Freiwilliger für die französische Fremdenlegion. Nach dem Einmarsch der Deutschen gelingt ihm die Flucht in die Schweiz. Später lässt er sich als Lektor und Autor in Paris nieder. Seine politisch-literarischen Werke erregen weltweit Aufsehen. Mit zahlreichen Preisen geehrt, zieht es ihn immer wieder nach Wien, das ihm aus der Ferne geistige Heimat bleibt. 1974 erhält er den Georg-Büchner-Preis, 1977 den Großen Österreichischer Staatspreis für Literatur, 1983 wird ihm der Friedenspreis des deutschen Buchhandels verliehen. Am 5. Februar 1984 stirbt er in Paris an einer Herzkrankheit. Die Republik Österreich stiftete zu seinen Ehren den Manès-Sperber-Preis für hervorragende deutschsprachige Werke und Übersetzungen ins Deutsche.

Wer Manés Sperber im O-Ton über seine Zeit mit Alfred Adler hören möchte, findet ein Interview unter
www.exil-archiv.de/audio/sperber/o-ton1.mp3

Hochschule der Seelenheilkunde

∙∙∙∙∙∙∙∙∙∙∙∙∙∙∙∙∙∙∙∙∙∙∙∙∙∙∙∙∙∙∙

Die Sigmund Freud PrivatUniversität Wien

Die SFU versteht sich als interdisziplinäre Forschungs- und Bildungsstätte mit Schwerpunkten in der Psychotherapiewissenschaft und der Psychologie. „Das Ziel unserer Universität ist es, das Seelenleben zu erforschen", so Rektor. Prof. Dr. Alfred Pritz. Weltweit Pioniercharakter hat das Konzept der SFU, drei elementare Ausbildungselemente in einem Studium zu integrieren: die Selbsterfahrung, die Praxis unter Supervision und die theoretische Ausbildung. Der Persönlichkeitsentwicklung der Studenten wird ein breiter Raum eingeräumt. Außerdem können sie ihr theoretisch erworbenes Wissen sofort in der Ambulanz, die der Universität angeschlossen ist, umsetzen. „Denn was nützt eine Theorie ohne Praxis, was eine Praxis ohne theoretisches Konzept?", stellt Rektor Pritz fest. Das Motto der Institution ist: „Werde der, der du bist." Und: „Erkenne dich selbst." Auch das Psychologiestudium geht eigene Wege, indem es mehr auf kultur- und sozialwissenschaftliche Zusammenhänge als auf naturwissenschaftliche Grundlagen setzt. Hier kann in kleinen Arbeitsgruppen unter der fachgerechten Betreuung von Mentoren mit modernsten Lehrmethoden studiert werden. Das alles hat natürlich seinen Preis. Dem amerikanischen Vorbild entsprechend gibt es aber die Möglichkeit von Studienkrediten und anderen

Finanzierungsmodellen. In allen Lehrgängen wird der Forschergeist Freuds beschworen, die SFU will Wegweiser sein im Methodendickicht der zahlreichen, gesetzlich anerkannten Psychotherapieausbildungen in Österreich und bietet als Novität eine besondere Graduierung an: den Doktor der Psychotherapiewissenschaft (Dr.sci.pth).

Seit einigen Jahren publiziert der engagierte SFU-Universitäts-Verlag Literatur der Haus-Dozenten und Abhandlungen von besonders talentierten Studenten. Hier spiegelt sich das breite Spektrum eines interdisziplinären Teams wieder. Es finden sich Bücher zur Sprachentwicklung von Vorschulkindern, aber ebenso eine Studie über „Goldkinder" – die Welt der Vermögenden. Weiters gibt es Forschungsprojekte der Abteilung für Kinder- und Jugendpsychiatrie, einen regen Arbeitskreis „Psyche & Wirtschaft", eine Summer-School, eine öffentliche psychotherapeutische Donnerstags-Vortragsreihe zu fachspezifischen Themen, ein PSY-Seniorenstudium und vieles mehr.

Die Psychotherapeutische Ambulanz der SFU ist eine der größten in Österreich und bietet den Studierenden eine große Bandbreite an Fällen. Das Angebot richtet sich an alle Personen, die Rat, Hilfe und Lösungen bei seelischen Fragen suchen, die Kosten sind nach dem Einkommen der Patienten gestaffelt und reichen von 0 bis 75 Euro pro Sitzung.

Auf der Webseite der SFU finden Sie ein interessantes Filmporträt über die Universität sowie einen Leitfaden zur Finanzierung des Studiums.

Rausch und Flucht

....

Ambulatorium für Suchtkranke

Jeder zweite Österreicher ist in irgendeiner Form abhängig – von Nikotin, Alkohol, Essen, Einkaufen, Spielen, Medikamenten oder Drogen. Sucht aber ist die einzige chronische Krankheit, von der ein Patient sich nur selbst heilen kann, dazu braucht er allerdings intensive, seelische, psychotherapeutische, auch ärztliche Unterstützung, da Sucht als schwere psychische Erkrankung gilt. Während früher Drogenkonsum weitgehend an den medizinischen Einsatz, religiöse Rituale oder gewisse Festivitäten gebunden war, haben Drogen in den vergangenen beiden Jahrhunderten immer mehr Eingang ins Alltagsleben gefunden.

In unserer heutigen Konsumgesellschaft fühlen sich viele permanent überfordert und greifen immer häufiger zu pharmakologischer Aufbauhilfe. Andere bevorzugen psychologische Unterstützung, Beratung oder Coaching. Das System „Doping" geht durch alle Schichten, nur nennt es keiner so: Hausfrauen nehmen „Mother's Little Helper", alternde Männer Testosteron, Schüler Ritalin: aufputschen, runterkommen, wachbleiben, einschlafen, je nach Bedarf. In vielen Fällen unterschätzen die Betroffenen die Wirkung dieser „Drogen" und erkennen nicht, dass sie bereits süchtig sind.

Seit Juli 2006 kümmert sich die neu gegründete Sucht- und Drogenkoordinationsstelle der Stadt Wien um alle Belange rund um Drogenkonsum und Suchtgefährdung. Ihr Ziel ist es, Suchtgefahr möglichst früh zu erkennen und rechtzeitig zu intervenieren. Suchtkranke sollen mit allen zur Verfügung stehenden Methoden behandelt werden, so wie dies auch bei anderen Erkrankungen selbstverständlich ist. Aufgeteilt auf zwei Institute, eines für Suchtdiagnostik, eines für Suchtprävention, und ein Ambulatorium kümmert sich ein multiprofessionelles Team über Telefonberatung und vor Ort um die Patienten. Zusätzlich verfügt die Stelle über ein effektives Netzwerk aller Beratungs- und Betreuungseinrichtungen, die im Suchtbereich in Wien tätig sind.

Auf der Homepage der Drogenhilfe können Betroffene unter „Information und Hilfe" erst einmal abklären, wann eine Suchtgefährdung gegeben ist und was man selbst – auch als Angehöriger oder Freund – tun kann.

Das Ambulatorium für Suchtkranke bietet ambulanten Entzug, Substitution mit verschiedenen Medikamenten, Krisenintervention, Beratung, Vor-und Nachbetreuung bei stationären Therapien, ambulante Kurz- und Langzeittherapie, begleitende Betreuung und medizinische Hilfen an.

Auf www.checkyourdrugs.at finden Sie eine Auflistung gängiger Suchtmittel, Informationen über deren Wirkung und Gefahren. Zudem bietet die Homepage nützliche Gesundheitstipps. Gut aufbereitet für Jugendliche! Ebenfalls für Jugendliche empfiehlt sich die Kolping-Drogenberatung. Informationen unter www.kolping.at/drogenberatung/

Die Psychologie wird weiblich

••••••••••••••••••••••••••••••

Charlotte Bühler (1893–1974)

Sie war keine gebürtige Wienerin, aber die erste Frau die an der Universität Wien eine Psychologie-Professur erlangte. Als Tochter einer assimilierten jüdischen Berliner Familie aus großbürgerlichem Milieu interessiert sich bereits die 13-jährige Charlotte Malachowski für das Seelenleben der Menschen. Sie studiert in Freiburg, Berlin und München zunächst Naturwissenschaften, dann Philosophie. Hier lernt sie auch Karl Bühler, einen Neurologen, kennen. Die 22-jährige Studentin, die ihre Dissertation über Denkprozesse schreibt, fasziniert den 37-jährigen Universitätsprofessor als Frau und Geistesverwandte, sodass er innerhalb kürzester Zeit um ihre Hand anhält. Die tiefe geistige Verbindung führt zu einer lebenslangen Arbeitsgemeinschaft, bei der Karl Bühler jedoch bald im Schatten seiner Frau steht. Als er als Leiter des Psychologischen Instituts nach Wien berufen wird, folgt ihm Charlotte mit zwei Kindern. Beide lehren sowohl an der Universität, als auch am Pädagogischen Institut und arbeiten als Psychologen in der Kinderübernahmestelle. Charlotte beginnt ihre Forschungstätigkeit in der Entwicklungspsychologie, indem sie erstmals Tagebücher von Jugendlichen auswertet.

Im März 1938, gleich nach der Machtübernahme der Nazis, kommt Karl Bühler in Gestapo-Haft. Charlotte Bühler ist zu diesem Zeitpunkt als Direktorin des von ihr gegründeten Parents Association Institute in London. Nach sechseinhalb Wochen erreicht sie von Norwegen aus die Freilassung ihres Mannes und die Zusammenführung ihrer Familie in Oslo. Während sie selbst eine Dozentur in Norwegen erhält, emigriert Karl in die USA. Seine Familie folgt ihm erst zwei Jahre später, kurz bevor das Land von den Deutschen besetzt wird. Das Ehepaar Bühler erhält einen Lehrauftrag an der Universität von Los Angeles. Zudem arbeitet Charlotte als Chefpsychologin am General Hospital. Nach Karls Tod 1963 und ihrer Emeritierung eröffnet sie eine eigene Praxis und eine psychologische Beratungsstelle in Hollywood.

In der Medizingeschichte gilt Charlotte Bühler als Wegbereiterin der Humanistischen Psychologie. Im Gegensatz zu Freud sieht sie Realität als eine primär positive Erfahrung, das „Schöpferische" sei im Menschen grundgelegt. „Und drittens sah ich als primäres Ziel des Lebens Selbsterfüllung durch relativ erfolgreiche Selbstverwirklichung, sowie Hingabe an andere." Die Auseinandersetzung mit der Psychoanalyse und eigenen Ideen führt zum intensiven Kontakt mit Rogers, Abraham, Maslow u. a., ihre Publikationen werden Standardwerke der Humanistischen Psychologie. Ihre Forschungen im Bereich der Kinder- und Jugendpsychologie sind Meilensteine. So trägt das Charlotte-Bühler-Institut in Wien als Stätte für praxisorientierte Kleinkindforschung zu Recht ihren Namen.

In Wien, am früheren Gebäude des Stadtschulrates bei der Bellaria, findet sich noch die „Bühler"-Gedenktafel. Denn gemeinsam mit Hildegard Hetzen, Lotte Schenk-Danzinger und Paul Lazarsfeld entstand hier die entwicklungspsychologische Lebensphasenforschung.

Statt einer Nanny

....

Institut für Erziehungshilfe

Manuel träumt schlecht und erwacht schweißnass. Kathi vermisst ihren Vater nach der elterlichen Scheidung. Johann hat ständig Streit, dreht durch und schlägt zu. Barbara ritzt ihre Haut und zieht sich immer mehr zurück. Hannah will nicht mehr in den Kindergarten gehen, seitdem ihr kleiner Bruder geboren wurde. Miriam leert nachts den Kühlschrank und muss sich dann übergeben. Thomas macht in der Volksschule noch immer in die Hose.

„Ach was muss man oft von bösen Kindern hören oder lesen!" – diese Zeilen von Wilhelm Busch kennt fast jeder, der Klageton der Erwachsenenwelt ist noch immer nicht verklungen, auch wenn mittlerweile klar ist: Kinder die Probleme machen, haben Probleme und rufen nach Hilfe.

„Wir sind für jene da, die nicht mehr weiterwissen", sagt Dr. Barbara Burian-Langegger, die ärztliche Leiterin der fünf Wiener Institute für Erziehungshilfe. Und Dr. Burian versteht, Kinder-Leid und Jugendlichen-Elend effektiv zu kommunizieren: Immer wenn im öffentlichen Diskurs vergröbert und simplifiziert wird, mischt sie sich ein, klärt in Zeitungsartikeln auf, rückt zurecht und kämpft um Respekt für „schlimme" Kinder und Jugendliche.

In den 1960er-Jahren, als die „gsunde Watschn" noch ein probates und vielverteidigtes Erziehungsmittel war, wurde die wegweisende Beratungs- und Therapieinstitution gegründet, und noch heute haben diese Einrichtungen, wenn nach „Psychotherapie für Kinder" gesucht wird, Aushängeschildcharakter. Ein großer Teil der analytisch-orientierten Psychotherapeuten dieser Stadt war in der jugendamtsnahen Therapie-Einrichtung irgendwann einmal tätig, praktizierend oder mitarbeitend. Schwerpunkte sind: psychologische Diagnostik, psychosoziale Beratungen und tiefenpsychologisch orientierte psychotherapeutische Behandlungen. Und auch heute haben die Institute noch immer Pionier-Status, das Seelenheil der Kleinsten wie der Heranwachsenden sowie Konfliktbewältigung bilden den Fokus der Child-Guidance-Experten.

Klienten sind: (Klein-)Kinder, Jugendliche und ihre Eltern. Ein multiprofessionelles Team steht beratend jenen (von der Geburt bis ins Teenageralter) zur Seite, die in Ermangelung finanzieller Mittel sonst nie psychotherapeutische Behandlung beanspruchen könnten. Die Kosten werden (meist) von den Sozialversicherungsträgern übernommen, vergleichsweise geringe (Eigen-)Beiträge ermöglichen einen oft notwendigen, langfristigen Therapieprozess.

Worte vermögen zu heilen, Beziehungen schaffen Stabilität und geben Halt.

„Zu Beginn haben wir viele Stunden gespielt", erzählt Ruth, die einen Therapieplatz bekommen hatte, und deren Eltern ebenso zu regelmäßigen Kontaktgesprächen erschienen sind. „Mir wurde klar, was ich ‚verkehrt' mache, erzählt sie selbstbewusst, „und auch meine Eltern sind anders als früher. Jetzt gibt es Streit, aber auch Versöhnung, das ist schön ..."

Eine telefonische Terminvereinbarung ist erforderlich. Alle Institute finden Sie auf der Homepage www.erziehungshilfe.org

Helfen statt Strafen

····································

August Aichhorn (1878–1949)

Der gemütlich wirkende, weißhaarige Herr war einer der bedeutendsten Pädagogen und der Vorreiter einer gewaltfreien Erziehung. 1878 in Wien geboren, konzentriert sich der engagierte Volksschullehrer zunächst auf die Jugendsozialarbeit. Nach seiner Begegnung mit Freud und der Psychoanalyse lässt sich Aichhorn zum Psychoanalytiker ausbilden. Die Psychoanalyse wird Aichhorns Instrument zur Behandlung von auffälligen und aggressiven Jugendlichen. In seinem bahnbrechenden Werk „Verwahrloste Jugend" vertritt er die These, dass defizitäre Persönlichkeiten weder durch Strafe noch durch Aggressionen noch durch Lob verändert werden können. Die Wurzel des Problems liege in der Verwahrlosung. Dabei unterscheidet er zum einen die „Verwahrlosung aus zu viel Liebe" und zum anderen die „Verwahrlosung aus zu viel Strenge". „Wie kann man diese Verwahrlosung behandeln?", war eine seiner grundlegenden Fragen. Hier waren die Instrumente der psychoanalytischen Therapie (Übertragung und Gegenübertragung) Aichhorns wichtigste Parameter für die Erziehungsarbeit mit schwierigen Zöglingen. Bei der Übertragung tritt der Erzieher mit dem Jugendlichen in Beziehung, indem er unbewusst die Gefühle des Patienten, die ursprünglich einem anderen Objekt galten, auf sich überträgt und durch die positive Reaktion darauf, den Jugendlichen das Erlebte anders verarbeiten lässt. Seine historische Bedeutung erlangt Aichhorn 1918 mit dem Aufbau eines Heimes für dissoziale Jugendliche im niederösterreichischen Oberhollabrunn, mit denen er nach seinen pädagogischen Richtlinien erfolgreich arbeitet. Als das Heim 1923 aus administrativen und finanziellen Gründen schließen muss, macht sich Aichhorn als Lehranalytiker und Erziehungsberater verdient. 1938 bleibt er als einziger aktiver Analytiker in Wien und veranlasst nach dem Zweiten Weltkrieg die Wiedereröffnung der Psychoanalytischen Vereinigung.

Aichhorns Prinzip der Gewaltlosigkeit ist heute noch von großer Bedeutung. In verschiedenen Justizvollzugsanstalten werden nach seinen Prinzipien beachtliche und nachhaltige Erfolge erzielt, durch die Nichtanwendung von Gewaltmaßnahmen erreicht man dauerhafte Besserung von aggressivem Verhalten dissozialer Insassen.

„Es ist selten genug, dass warme Menschlichkeit, klinische Intuition und Genialität … und Vertrautheit mit einer bahnbrechenden Theorie und Methode … sich wie bei August Aichhorn in einer Person vereinigen." So würdigte Freud das Schaffen seines Wegbegleiters. In der heutigen Welt beschäftigen sich Hunderte von Sozialarbeitern, Gerichtsfunktionären, Psychiatern und Psychoanalytikern mit den Problemen schwieriger Jugendlicher, die manchmal daran erinnert werden müssten, dass der Weg, den sie nehmen, ihnen von August Aichhorn vorgezeichnet worden ist.

Das August-Aichhorn-Haus in der Fasangartengasse 67 im 13. Bezirk bietet bis zu 50 Jugendlichen im Alter von 6 bis 18 Jahren Betreuungsplätze und versucht sie mittels der Aichhorn-Methode wieder in die Gesellschaft zu integrieren.
Infos unter Tel. 803 84 99 und www.augustaichhornhaus.at

Hilfe für die Seele

••••••••••••••••••••••••••••••

Ein Ambulatorium der Wiener Gebietskrankenkasse

In den Jahren nach 1968 zog es die studentische Jugend zu den sozial Schwachen, zu den Gestrauchelten und Gestrandeten, zu den psychisch Kranken und Verhaltensauffälligen, zu jugendlichen Gefangenen und Außenseitern. Viele fühlten sich mitverantwortlich für das Los der Benachteiligten und Ausgegrenzten. Das „Individuum" und die „Gesellschaft" waren Diskussionsschwerpunkte im öffentlichen Diskurs. Horst Eberhard Richters Bestseller „Die Gruppe" oder „Lernziel Solidarität" sind markante Hinweise für das damalige gesellschaftspolitische Interesse, wie engagiert und bewusst „seelische Gesundheit" thematisiert wurde. Es entwickelten sich psychotherapeutische Schulen, Denkrichtungen, Fortbildungsseminare und Selbsterfahrungsgruppen; die Bewegung der Selbsthilfegruppen griff um sich. Man pilgerte nach Triest zu Franco Basaglia, der die katastrophalen Zustände in den Irrenanstalten bekämpfte, und erlebte Sturz und Reform der traditionellen psychiatrischen Anstalt. In Folge entstand die soziale „demokratische" Psychiatrie, die das Ziel hatte, vielen chronisch psychisch Kranken wieder ein Leben in den Gemeinden zu ermöglichen, mit geschützten Wohnungen und Werkstätten, Tages- und Nachtkliniken, adäquater Therapie.

Psychotherapie wurde allmählich von den Krankenkassen per Gesetz als Pflichtleistung anerkannt. Eine Pioniereinrichtung im Bereich der ambulanten Versorgung ist das Wiener Ambulatorium der Gebietskrankenkasse. Psychotherapie auf Krankenschein soll – das ist erklärtes Zukunftsziel – flächendeckend etabliert werden.

Die erste psychotherapeutische Ambulanz wurde 1951 von Hans Strotzka (siehe S. 66) in der Strohgasse im dritten Bezirk eröffnet. Im Jahr 1970 übersiedelte man in den siebten Bezirk, in die Myrthengasse, und 1977 schließlich in die Mariahilferstraße 85. 1997 erfolgte die Erweiterung um sechs Außenstellen in ganz Wien.

Heute stellt das Gesundheitszentrum für Psychotherapie der Wiener Bevölkerung ein Team von 17 Psychotherapeuten zur Verfügung, die ein breites Therapieangebot von anerkannten tiefen- wie systemtherapeutischen Schulen abdecken.

Die Zielgruppe dieser Einrichtungen sind mittellose Versicherte, die unter psychischen und psychosomatischen Beschwerden leiden. Der Bedarf an Psychotherapie ist im Steigen begriffen. Die WHO schätzt, dass derzeit 500 Millionen Personen einer psychotherapeutischen Unterstützung bedürfen. Ängste, Depressionen, psychosomatische Krankheitsbilder und Suchterkrankungen werden immer öfter diagnostiziert. Horst Eberhard Richters Befund ist deutlich: „Es vertiefen sich Spaltungen zwischen ökonomisch Stärkeren und den Schwächeren und soziale Ungerechtigkeiten bilden einen Nährboden für psychische Dekompensation, für soziales Scheitern und Krankwerden."

Das Gebäude, in dem sich das Ambulatorium befindet, ist das letzte Werk des bekannten Architekten Julius Goldschläger. Das sogenannte „Wiener Bürohaus" wurde 1911–14 im repräsentativen neoklassizistischen Stil gebaut.

Liebe allein genügt nicht ...

Bruno Bettelheim (1903–1990)

Bekannt wurde er in Amerika, wohin der ehemalige KZ-Häftling im Jahre 1939 emigrierte. Neben seiner Arbeit mit psychotischen Kindern, lehrte Bettelheim Pädagogik, Psychologie und Psychiatrie an der Universität von Chicago und leitete viele Jahre die von ihm ins Leben gerufene renommierte „Orthogenic School". Schon bald forschte er über Menschen in Extremsituationen und avancierte in den 1970er- und 80er-Jahren zu einem viel gelesenen und populären psychoanalytischen Schriftsteller („Kinder brauchen Märchen" ; „Kinder brauchen Bücher").

Schon als 14-Jähriger interessierte sich der Sohn eines Wiener Holzfabrikanten für die Psychoanalyse. Er studierte Germanistik, Kunstgeschichte und Philosophie und bewegte sich im Kreis um Sigmund Freud. 1938 wurde er nach Dachau, dann nach Buchenwald deportiert, wo er Freundschaft mit Ernst Federn, dem Sohn des bekannten Psychoanalytikers Paul Federn, schloss. Gemeinsam entwickelten sie Überlebensstrategien. Bettelheim hatte Glück und kam durch amerikanische Intervention nach elf Monaten frei, mit der Auflage zu emigrieren. In Amerika arbeitete er zunächst als Forschungsassistent und habilitierte sich schließlich 1952 zum Professor für Jugendpsychologie. Die Erlebnisse im Lager ließen ihn zeit seines

Lebens nicht mehr los. Immer wieder beschrieb er seine Lagerhaft und setzte sich mit den (Un-)Möglichkeiten auseinander, sie psychisch zu bewältigen. Im Alter resignierte Bettelheim zusehends. In einem Gespräch mit Daniel Karlin, der einen Film über die Orthogenic School, die er leitete, gedreht hatte, merkte er an, er werde „zunehmend stärker ... von den zerstörerischen Erinnerungen an das Leiden und an die Ermordeten überschwemmt". Es waren quälende Erinnerungen, die – neben der Angst vor Siechtum infolge zweier Schlaganfälle und dem tragisch gescheiterten Versuch, nach dem Tod der Ehefrau mit der Tochter in einer Wohnung zusammenzuleben – zu Bettelheims Selbstmord führten. Die Art dieses Selbstmords – er hatte sich eine Plastiktüte über den Kopf gezogen – symbolisierte einen Zustand, aus dem Bettelheim andere Menschen (vor allem autistische Kinder) zu befreien versucht hatte: Isolation, Einsamkeit.

In einer seiner Schriften heißt es: „Stellen wir uns vor, der gestörte Mensch sei ein Gefangener im Verlies, überzeugt, dass die Fühllosigkeit der Welt ihn für immer hoffnungslos macht. Es hilft nichts, ihm die Tür ins Freie zu öffnen. Eine Einladung ins Freie ist völlig falsch, denn der Gefangene ist ja überzeugt, dass draußen nur Feinde sind. Wir müssen bereit sein, mit ihm im Kerker zu leben." Am Ende fand sich offenbar niemand bereit, Bettelheims – inneres und erinnertes – Schicksal zu teilen, am 13. März 1990, dem Jahrestag des Hitler-Einmarsches in Österreich setzte der Wegbereiter der psychoanalytischen Pädagogik seinem Leben ein Ende.

Nach seinem Tod warfen ihm ehemalige Mitarbeiter und Patienten vor, gewalttätig gewesen zu sein. Der Gegner jeder Körperstrafe soll gedroht, geprügelt und bestraft haben. Aus dem angeblichen Kinderfreund wird nach dieser Darstellung eine autoritäre Persönlichkeit mit anti-

autoritärer Botschaft, so das neue, fatale Bild. Der Stachel der traumatischen KZ-Erfahrung steckte tief in ihm und ließ sich nicht mehr entfernen. Dies haben die Kinder zu spüren bekommen, trotzdem war der Umgang mit ihnen seine Rettung.

In einem Interview sagte er: „ Ich glaube überhaupt, dass eines der großen menschlichen Erlebnisse ist, Eltern von Kindern zu sein und dass jene Leute, die sich entschließen, keine Kinder zu haben, eines der großen menschlichen Erlebnisse nicht haben, denn man erwächst wirklich mit seinem Kind. Man erlebt durch das Kind seine eigene Kindheit wieder. Und es ist wichtig, mit den eigenen Kindheitsproblemen fertig zu werden."

Bis heute zählen die Werke Bettelheims zur Standardliteratur der Kinderpädagogik. Seine Bücher fanden durch ihre leichte Lesbarkeit und die Nachvollziehbarkeit einen breiten Leserkreis. Zudem meldete er sich in auflagenstarken amerikanischen Zeitschriften immer wieder zu aktuellen Themen zu Wort. Einer seiner bekanntesten Auftritte war in Woody Allens Film „Zelig".

Bruno Bettelheims Buch „Kinder brauchen Märchen" wurde 2002 in Harenbergs „Buch der 1000 Bücher" aufgenommen.

Reden statt Schweigen

··

Kinderschutzzentrum Wien

Jedes fünfte Kind ist auffällig, geht aus einer aktuellen Studie hervor. Bedenklich, dass dieses Ergebnis keinerlei Überraschung auslöst, denn wer könnte bestreiten, dass die Welt der Kinder alles andere als eine heile ist?

Kinder beim Therapeuten, Kinder als Objekt medialer Berichterstattung, Kinder als Faustpfand ihrer Eltern: Die seelischen Nöte der Kinder und Jugendlichen sind kein individuelles, sondern ein gesellschaftliches Problem. In der Praxis zeigt sich, dass die Autoritätsbeziehungen, die Familienbande, die Haltung der Erwachsenen zu ihrer Nachkommenschaft der Verlässlichkeit, Funktionalität und Wärme entbehren. Nicht die Kinder sind krank, sondern die Gesellschaft, die sie in Therapie schickt, mit Pillen sediert und als Problemfälle markiert. Die Persönlichkeits-entwicklung von Kindern ist in erheblichem Maß von den psychologischen Einstellungen ihrer Bezugspersonen zu ihnen abhängig, und Kinder möchten fühlen, was andere über sie denken, wer sie sind. Ihre Seele und ihr Wohlbefin-den entwickeln sich im Dialog mit anderen, in der Regel mit den engsten Bezugspersonen. Wenn dieser nicht mehr funktioniert, ist Hilfe gefragt.

Das Kinderschutzzentrum ist eine Beratungsstelle, die sich mit allen Formen von Gewalt gegen Kinder und Jugendliche beschäftigt. Im Help-Chat suchen Therapeuten gemeinsam mit den betroffenen Kindern nach Lösungen. Die Beratung ist kostenlos und anonym.

„Die Geschichte der Kindheit ist ein Alptraum, aus dem wir erst im 20. Jahrhundert erwachten: Kindstötung, Verstümmelung, sexueller Missbrauch und alle nur denkbare Formen der Gewalt und Missachtung waren integraler Bestandteil vormoderner Gesellschaften, die den Rohstoff Kind vernutzen wie heute die Natur" – so Lloyd de Mause (1974) in seiner psychohistorischen Geschichte der Kindheit. Die vergangenen Jahrzehnte haben zu einem Wissenszuwachs über kindliche Bedürfnisse geführt, der Fortschritt, der in der Institutionalisierung von Kindheit als einer besonders schutzbedürftigen Lebensphase besteht, ist aber nicht zu überschätzen.

Denn das Gefährdungspotenzial, dem Kinder ausgesetzt sind, ist immer noch relevant: Fehlende Zugehörigkeiten müssen kompensiert werden, die Bezugspersonen stehen selbst immer mehr unter Druck. Kindern und Jugendlichen fehlen – vor allem im urbanen Bereich – Räume, in denen sie begleitet und beschützt, in Ruhe wachsen können.

Die Anstrengungen für den Kinderschutz datieren bis ins 19. Jahrhundert. Historisch gesehen, führte er zu unterschiedlichen Ergebnissen, da er einerseits Ausdruck zeitgenössischer Zwangspädagogik war, andererseits damit die Fürsorge für das Kind zur gesellschaftlichen Frage erhoben wurde. Heute bedeutet Kinderschutz Prävention, um die Seele des Kindes zu schützen, um Gefahren zu erkennen und Gewaltausübung zu verhindern.

Das Kinderschutzzentrum bietet gemeinsam mit dem Theater der Jugend eine Theatergruppe für Mädchen zwischen 13 und 16 Jahren an. Unter dem Motto „Lass es raus" können sich interessierte Mädchen unter der Tel. 526 18 20/12 zum Casting melden.

Für die Kinder dieser Stadt ...

....

Kinderübernahmestelle

Sein Ausspruch „Wer Kindern Paläste baut, reißt Kerkermauern nieder" ziert den Eingang der Küst, der Kinderübernahmestelle, die 1925 von Julius Tandler gegründet wurde. Er selbst stammte aus ärmlichen Verhältnissen und musste sich das Geld für sein Studium selbst verdienen. 1895 promovierte er zum Doktor der Medizin, die Habilitation folgte, 1910 erhielt er den Lehrstuhl für Anatomie an der Universität Wien. Was hat nun ein Anatom in einem Buch über die Wiener Psyche zu suchen? Tandler war Sozialrevolutionär. Er sah seine Aufgabe darin, nicht den toten Menschen, sondern den Menschen überhaupt zum Objekt der wissenschaftlichen Untersuchung zu machen. Verwirklichen konnte er seine Vorstellungen von Wohlfahrtspflege und Fürsorge als Wiener Gemeinderat im „Roten Wien". Von der ersten Eheberatungsstelle der Welt bis zur Kinderübernahmestelle wirkte seine Sozialpolitik weltweit als Vorbild. Im Wien der Zwischenkriegszeit entstand ein Netz von Kindergärten und Kinderhorten, Mutterberatungsstellen und Schulzahnkliniken – alles Einrichtungen, die es sonst nirgendwo gab. Die Säuglingsfürsorge wurde gegründet, Tandler führte 1927 das kostenlose Säuglingswäschepaket bei gleichzeitiger Gesundheitskontrolle der werdenden Mütter ein – kein Neugeborenes sollte mehr in Lumpen gekleidet werden müssen.

Die Aufgabe der Küst war es, alle bedürftigen Kinder, die nicht mehr in ihren Stammfamilien leben konnten oder keine Familie mehr hatten, aufzunehmen, zu beobachten und für sie weitere Fürsorgemaßnahmen einzuleiten. Die Kinder bekamen genug zu essen, saubere Kleidung, ärztliche Versorgung, seelische Betreuung. Für 228 Kinder war Platz, der Personalstand der Einrichtung betrug 65 Personen, 40 davon waren Kinderpflegerinnen.

Die beträchtlichen Mittel, die diese Einrichtungen verlangten, wurden mit Hilfe von Stadtrat Hugo Breitner auf ungewöhnliche Weise aufgetrieben, die Steuereinnahmen der Nachtclubs und Bars, der Pferderennen und der Stundenhotels sicherten die sozialen Standards.

1964 wurde die Küst renoviert und in das Julius-Tandler-Heim umgewandelt. Die Heimsituation sollte durch die Schaffung von familienähnlichen Gruppen verbessert werden. Der Schwerpunkt der Küst verlagerte sich von der vorwiegend medizinischen auf die psychologischen Betreuung. Heute ist das Julius-Tandler-Familienzentrum eine kundenorientierte Serviceeinrichtung. Hier haben das Pflegekinderreferat des Jugendamtes, die Fortbildungsakademie für Sozialpädagogen und andere Abteilungen ihren Sitz.

Für viele Kinder, die in den 1960/70er-Jahren in Heimen untergebracht wurden, bleibt jedoch die Küst als Einrichtung in zwiespältiger Erinnerung, da dort ihre „Heimkarriere" begann.

Ursprünglich stand vor der Küst der Magna-Mater-Brunnen mit einer Plastik der fürsorglichen Mutter und ihrer vier Kinder von Anton Hanak, dem Lieblingskünstler von Julius Tandler. Seit 2003 ziert der Brunnen den Maurer Rathauspark in der Speisingerstraße, Ecke Kanitzgasse.

Zu Gast bei Freud

••••••••••••••••••••••••••••••

Das Sigmund Freud Museum

Er hat uns durchschaut, er selbst litt unter Neurosen, er war ein manischer Sammler, sendungsbewusst und ehrgeizig. Sigmund Freud kommt als Kind nach Wien, maturiert mit Auszeichnung und startet sein Studium. Die ersten Studienjahre sind der Zoologie gewidmet, in Triest erforscht er die Geschlechtsorgane männlicher Flussaale und publiziert darüber seine erste wissenschaftliche Arbeit. Doch sein Ehrgeiz treibt ihn weiter. 1884 schreibt der junge Arzt an seine Verlobte Martha Bernays: „Und Himmel, Weibchen, bist Du arglos und gutmütig! Merkst Du nicht, dass diese Wissenschaft unser ärgster Feind werden kann, dass der unwiderstehliche Reiz, ohne Entgelt und Anerkennung sein Leben für die Lösung irgendwelcher für unser beider persönliches Wohlbefinden irrelevanter Probleme zu verwenden, unser Zusammenleben aufschieben und aufheben kann, wenn ich, ja, wenn ich die Besonnenheit verliere?" Voller Erkenntnisdrang begibt er sich 1885 auf unbekanntes Terrain, wird zum Psychoarchäologen. Bis zur Jahrhundertwende fügt er seine wichtigsten Entdeckungen zusammen, zu einem neuen, revolutionären Bild des Menschen.

„Ich bin kein Denker, sondern Abenteurer", schreibt Freud. Doch er ist Anatom, Analytiker, und lebt gutbürgerlich in der Berggasse 19, wo er ein halbes Jahrhundert lang wirkt. Hier befindet sich das Sprechzimmer, hier wird die Samm-

lung der mehr als 2.000 Erinnerungsstücke sorgsam gehütet.

In den ehemaligen Praxisräumen zeigt das Sigmund Freud Museum eine Ausstellung zu Leben und Werk des Erforschers des Unbewussten: Autografen, Dokumente, Fotos, persönliche Objekte. Ob Patientengeschichten oder Antiquitäten – Freud sammelte Zeugnisse einer verschütteten Vergangenheit. Die Berggasse wurde zum Labor der Erinnerung. „Meine alten und dreckigen Götter", so Freud über die Sammelstücke, „sollen helfen, die verfliegenden Gedanken zu festigen oder vor dem Verschwinden zu bewahren." Eine dankbare Patientin schenkt ihm ein später berühmt gewordenes Möbelstück: die Couch. (Diese befindet sich allerdings nicht im Museum in Wien, sondern in London.)

In der Berggasse 19 entstehen die Werke, in denen er die Bedeutung alles Zwischenmenschlichen thematisiert: „Die Schicksalsfrage der Menschenart scheint mir zu sein, ob und in welchem Maße es ihrer Kulturentwicklung gelingen kann, den Störungen des Zusammenlebens Herr zu werden." Im bürgerlichen Ambiente kommen bis 1895 die Kinder Mathilde, Jean Martin, Oliver und Ernst, Sophie und Anna zur Welt. 1938 wird der betagte Freud zur Emigration nach England gezwungen, wo er ein Jahr später stirbt.

Heute stehen wir als Gäste in Freuds Kosmos, durch eine Flügeltür getrennt: Behandlungszimmer und Arbeitszimmer, Privates und Berufliches nebeneinander. Die Einrichtung des Museums erfolgte mit Unterstützung von Anna Freud, der Nachlassverwalterin und treuen Tochter des großen Psychoanalytikers. Privatfilme, zusammengestellt und kommentiert von Anna Freud, zeigen die Familie. In den 1980er- und 90er-Jahren vergrößerte sich die Museumsfläche um ein Vielfaches. Eine Bibliothek und ein Museumsshop erweiterten das Angebot, der Umbau von

Architekt Wolfgang Tschapeller schafft eine klare Distanz zur historischen Bausubstanz. Aus dem früheren Speise- und Wohnzimmer der Familie Freud und dem Salon der Schwägerin und Sekretärin Freuds, Minna Bernays, entstanden ein Vortrags- und Ausstellungsraum. In den ehemaligen Räumen von Anna Freud befindet sich heute eine Sammlung zeitgenössischer Kunst.

Jahrzehntelang wurde die Psychoanalyse von Einheimischen kaum beachtet, dann kam der Meister auf einen 50-Schilling-Geldschein. Heute ist Freud einer der bekanntesten Repräsentanten der Stadt.

Das Sigmund Freud Museum bietet das ganze Jahr über eine Reihe von interessanten Vorträgen, Diskussionen und Ausstellungen an. Als Vorgeschmack auf den Museumsbesuch können Sie über die Homepage einen virtuellen Rundgang durch die Wirkungsstätte Freuds unternehmen.

In der Krise

··································

... ruf` bei der Krise an

Allzu salopp tönt allerorts der Slogan „Die Krise als Chance" – doch die soziale Realität zeigt, dass viele Betroffene schwierige Lebenssituationen ohne professionelle Unterstützung nicht bewältigen können. Der deutsche Psychoanalytiker Erik Homburger Erikson (1902–1994) beschäftigte sich mit universellen krisenhaften Phasen in den Lebenszyklen der Menschen, er thematisierte Traumatisierungen und deren Folgen, Verlust und Trauer, aber auch Krisen der individuellen Entwicklung. Vielfach wurde auf die Bedeutung von psychosozialer Intervention in Krisensituationen hingewiesen, sie verhindere Eskalationen und beuge Erkrankungsrisiken vor. Denn Menschen in Krisen können sich und andere gefährden. Wird eine krisenhafte Lebenssituation nicht aktiv bewältigt, sondern stehen destruktive Lösungsversuche wie Alkohol- und Medikamentenmissbrauch, sozialer Rückzug oder Vermeidungsstrategien im Vordergrund, dann wird die Krise oft chronisch. Menschen in Krisen suchen Hilfe, Sicherheit und Beistand, sie brauchen ein Gegenüber, das ihre Verzweiflung verstehen und ertragen kann, das zuhört, Zeit hat und sozial kompetent reagiert.

Nicht mehr weiter wissen, verzweifelt und traurig sein, Angst und Panik erleben, Gedanken, sich selbst zu töten: Situationen, in denen die „Krise" eine der wichtigsten Anlaufstellen für Menschen in seelischen Notlagen ist.

Im Nachkriegs-Wien gründete Prof. Erwin Ringel (siehe Seite 79) die „Lebensmüdenfürsorge", denn es gab Tausende, schwer traumatisierte Kriegsheimkehrer. Zunächst von der Caritas betrieben, stellte sich diese Beratungsstelle die Aufgabe, Menschen nach Suizidversuchen und Hinterbliebene von Menschen, die Selbstmord begangen hatten, zu betreuen. Seit 1977 besteht die Nachfolgeeinrichtung, das Wiener Kriseninterventionszentrum, als Ambulatorium, in dem jährlich an die 1.500 Personen behandelt und noch viel mehr telefonisch beraten werden.

Der Krisenforscher Gernot Sonneck, wie Ringel Arzt und Psychotherapeut der Adler'schen Individualpsychologie, steht dem Verein nun schon seit zehn Jahren vor. Er hat über Jahrzehnte ein hochkompetentes multiprofessionelles Team um sich versammelt, das Standards in der Akutbetreuung setzte und Modell für ähnliche Einrichtungen im ganzen Bundesgebiet war. Das Angebot ist nach wie vor kostenlos, Anonymität ist gewährleistet. Lange Jahre neben dem Alten AKH in der Spitalgasse 11 beheimatet, übersiedelte man vor wenigen Jahren in größere Räumlichkeiten in die Lazarettgasse, in das ehemalige Personalhaus des Allgemeinen Krankenhauses.

Im Laufe der Entwicklung verlagerte sich der Schwerpunkt auf die Prävention bei akuten Krisen. Durch ein möglichst frühes therapeutisches Handeln soll nicht nur die Krisenbewältigung erleichtert und die suizidale Gefahr abgewendet werden, sondern auch vorgesorgt werden, damit die Krise nicht chronisch wird.

Auf der Homepage des Kriseninterventionszentrums finden Sie ausführliche Informationen zum Erstgespräch sowie hilfreiche Hinweise zum Thema Selbstmordgefährdung.

Sie müssen nicht perfekt sein

·······························

Hans Strotzka (1917–1994)

Man kann den Ausdruck „Seele" durch den Ausdruck „innere Welt" ersetzen, erklärte der hochgewachsene Mann mit der Nickelbrille, an dessen Tür ich immer wieder klopfte, um mit ihm Fälle meiner Praxis zu besprechen. 30 Jahre lang hatte er die erste psychotherapeutische Ambulanz der Wiener Gebietskrankenkasse in der Strohgasse 28 im dritten Bezirk geleitet, bis er 1971 endlich den erhofften Lehrstuhl für Tiefenpsychologie und Psychotherapie an der Universität Wien erhielt und ein Institut nach seinen Vorstellungen aufbauen konnte. Er scharte ein multiprofessionelles Team aus Fachleuten verschiedener Disziplinen um sich. Sein klares Konzept lautete: Methodenvielfalt. Im Mittelpunkt stand der Patient und nicht eine bestimmte Theorie oder Schule, nach der behandelt wurde. Psychotherapie sollte außerdem möglichst allen Schichten der Bevölkerung zugänglich gemacht werden.

Trotz internationaler Anerkennung und hervorragender Leistungen – er gilt als Vater der Sozialpsychiatrie und Supervision, initiierte die Ehe- und Familienberatungsstelle der Gemeinde Wien, gründete das Institut für Ehe- und Familientherapie sowie den „Dachverband Psychotherapeutischer Vereinigungen"– ist er in Österreich – außer in Fachkreisen – nahezu unbekannt.

Die interessante Biografie der Journalistin, Nadine Hauer, wagt sich erstmals an die Darstellung dieser ambivalenten Persönlichkeit, die so maßgeblich an der Entwicklung des Wiener Gesundheitswesens nach 1945 beteiligt war. Sie erzählt von seiner Kindheit in Klosterneuburg, seiner Hinwendung zur (illegalen) Hitlerjugend, seinem Schulausschluss, dem Einsatz als Arzt im Zweiten Weltkrieg, von der schweren Verwundung, seiner Abwendung vom Nationalsozialismus und der Kriegsgefangenschaft in Italien. Zurück in Wien arbeitete Strotzka unter Hans Hoff als Psychotherapeut in der Nervenheilanstalt Rosenhügel. Erst 1950 begann er die Ausbildung zum Psychoanalytiker bei Alfred Winterstein und Erich Heilbrunn. Mit ungebrochenem Elan rief er im gleichen Jahr eine moderne Ambulanz für Epilepsie ins Leben. Bemerkenswert an dieser Ambulanz war, dass Strotzka damals erste Ansätze von Familientherapie einbrachte und dem sozialen Umfeld der anfallskranken Kinder besondere Aufmerksamkeit schenkte. Als er dann 1951 über Vermittlung von Hans Hoff die erste Ambulanz für Psychotherapie aufbauen durfte, schien er seine Ziele erreicht zu haben. Allerdings musste er jahrelang heftige Kämpfe mit der Gebietskrankenkasse um die Finanzierung ausfechten, und das, wo ihm alle kleingeistigen Bürokratismen ein Gräuel waren! Die endgültige Entfaltung seines Talents gelang ihm dann als Institutsleiter, Mentor und Förderer.

„Sie müssen nicht perfekt sein", waren oft tröstende Worte für uns, seine Schüler.

Im Alten AKH erinnert eine Büste an den umtriebigen Psychoanalytiker. Sie wurde noch zu Lebzeiten am Ort seines Wirkens aufgestellt.

Der Gugelhupf des Kaisers

••••••••••••••••••••••••••••••

Vom Narrenturm zum Museum

Den Narrenturm erreicht man über den Viktor-Frankl-Weg im alten Wiener AKH. Rundherum stehen feinverputzte Gebäude, plötzlich erhebt sich inmitten des neugestalteten Uni-Campus das runde fünfgeschoßige Gebäude mit gut 30 Metern im Durchmesser. Der Putz bröckelt von dem graubraunen Gemäuer: ein Denkmal des Wahnsinns, der Krankheit und des Todes. 1783 in nur 17 Monaten vom italienischen Architekten Isidore Canevale auf Anordnung des Kaisers erbaut, war das Gebäude die erste psychiatrische Spezialklinik Europas. Joseph II. finanzierte seinen „Gugelhupf", wie die Wiener den Turm liebevoll nannten, aus seiner Privatschatulle und gab seinem Leibarzt und medizinischen Chefplaner in einem „Handbillet" genaue Anweisungen, wie die Zellen (28 pro Stockwerk) zu belegen seien: „1. In die 28 Zimmer des obersten Stockwerkes des Irrenthurmes kommen aus dem spanischen Spitale die 3 unreinen und die 10 von St. Marx zu zwei und zwei, also in 7 Kammern jeder angeschmiedet. In den übrigen der 21 Kammern kommen von den 48 unruhigen 21 hinauf, jeder einzelweis. 2. In den darunter befindlichen niederen Stock kommen dann die übrigen 27, ebenfalls unruhigen und müssen auch einzelweis verbleiben." Am 19. April 1784 übersiedelten die ersten Patienten aus verschiedenen Spitälern Wiens in den Narrenturm. Der Turm galt allgemein als Zeichen der Philanthropie des Kaisers für die „Tollen". Eine groteske Annahme, betrachtet man die kerkerähnlichen Zellen, in denen die Patienten teilweise angekettet auf Stroh ihr Dasein fristeten. Jede der Zellen war rund 12 Quadratmeter groß und für ein bis zwei Patienten ausgelegt. Um die ständige Luftzufuhr – denn frische Luft galt als gesundheitsfördernd – zu sichern, waren die Fensteröffnungen mit Stoff bespannt und nicht mit Glas versehen. Es gab zwar ein Beheizungssystem durch Warmluft sowie Kanalanschlüsse in jeder Zelle, allerdings funktionierten diese Systeme nicht. Da die Betreuung und Behandlung von Geisteskranken bei den Ärzten damals sehr unbeliebt waren, mussten jeweils die beiden jüngsten Primarärzte der internen Abteilung den Dienst im Narrenturm übernehmen. Erst 33 Jahre später ernannte man erstmals einen zuständigen Primararzt für den Narrenturm.

1866 wurde der Turm geschlossen, die Insassen der 139 Zellen übersiedelten in Anstalten in Wien und Niederösterreich, aus den Zimmern werden Dienstwohnungen für Krankenschwestern und Ärzte. Seit 1971 ist das Pathologisch-anatomische Museum im Turm untergebracht. Rund 7.000 Objekte umfasste die Sammlung, doch nachdem viele in- und ausländische Sammlungen eingegliedert wurden, sind es heute mehr als 50.000 Präparate, die für die medizinische Forschung aufbewahrt, aber auch den Schaulustigen im Narrenturm gezeigt werden.

Zu sehen sind Skelette von Fehlbildungen, Feuchtpräparate, anatomische Tafeln und medizinische Kunstgegenstände.

Nehmen Sie an einer der interessanten Führungen durch den Narrenturm teil und genießen Sie im Anschluss in einem der gemütlichen Lokale die Atmosphäre am Campus.

Leib und Leben

•••••••••••••••••••••••••••••

Institut für Medizinische Psychologie

Obwohl bereits Alfred Adler um die Jahrhundertwende „medizinische Psychologie" für die Ausbildung aller Studierenden der Medizin gefordert hatte, ist das Fach nicht nur in Österreich ein relativ junges. Zwar berücksichtigten bestimmte Ärzte in ihrem Fach auch psychosoziale Faktoren, eine klare Richtlinie gab es allerdings nicht.

In der Zeit zwischen 1925 und 1938 bemühte sich der von Studierenden der Medizin gegründete und geleitete „Akademische Verein für Medizinische Psychologie", die Lehre mit psychologischen Themen zu bereichern. Prominentes Gründungsmitglied war Viktor E. Frankl, im wissenschaftlichen Beirat fanden sich die bekannten Psychologen Karl Bühler sowie seine Frau Charlotte und die Analytiker Paul Schilder und Josef Karl Friedjung. Der Verein wurde 1942 gelöscht, da „sämtliche zuletzt im Jahre 1938 hier amtsgemeldeten Vorstandsmitglieder in das Ausland abgereist sind und auch abgemeldet erscheinen..."

Erst 1981 baute der 60-jährige Erwin Ringel das Institut für Medizinische Psychologie auf und integrierte das Fach endgültig in das medizinische Curriculum. Ringel war ein enthusiastischer Lehrer, der die Studenten begeistern konnte, und ihnen eindringlich erklärte, wie wichtig die seelische Befindlichkeit von kranken Menschen sei. Zehn Jahre lang drückte er dem Institut als Vorstand seinen Stempel auf. Heute steht Gernot Sonneck, Mitarbeiter von Ringel und namhafter Suizidforscher, dem Institut vor.

Zentrale Anliegen der Medizinischen Psychologie sind die Einbeziehung von psychologischen und soziologischen Aspekten von Krankheit und Gesundheit in die Diagnose sowie die Arzt-Patient-Beziehung als psychologisches Phänomen. Wie geht der Arzt mit dem Patienten um? Wie betreut man als Arzt Schwerkranke, Aids-Kranke oder Gehörlose? Die medizinische Psychologie ist ein weites Feld. So befasst sich beispielsweise die Dentalpsychologie mit der Frage, wie ein Zahnarzt seine Patienten zur Mundhygiene und zu regelmäßigen Kontrollbesuchen motivieren kann.

Die Aufgabe der Medizinischen Psychologie ist es, die Erkenntnisse verschiedener Wissenszweige einzubringen, wobei biologische, psychologische und soziologische Faktoren zueinander so in Beziehung stehen, dass Veränderungen in dem einen Bereich notwendigerweise auch zu Veränderungen in den anderen beiden Bereichen führen müssen.

Um im Kontakt zu Patienten ganzheitlich tätig zu sein, bedarf es der Sachinformation, der Einfühlung (Empathie), des Wahrnehmens der eigenen Betroffenheit, der Berücksichtigung der Lebensgeschichte des Patienten, der Berücksichtigung familiärer und soziokultureller Umstände und vor allem: einer tragfähigen Arzt/Patient-Beziehung.

Wenige Häuser weiter stadteinwärts befindet sich das Erwin-Ringel-Institut (siehe S. 79), das sich ein Jahr nach dessen Tod dem gewaltigen Nachlass widmete.

Trotzdem Ja zum Leben sagen

· ·

Viktor Frankl (1905–1997)

Er war der Begründer der Logotherapie, ein passionierter Bergsteiger und Extrem-Kletterer, der nach der Tiefenpsychologie in seinen Betrachtungen über die Herausforderungen am Berg auch einmal über die „Höhenpsychologie" philosophierte.

Darüber hinaus begeisterte der blendende Redner sein Auditorium, wo immer er sprach. Von seinen Fachkollegen wurde der kleine, weißhaarige Herr mit der schneidend-markanten Stimme lange unterschätzt, vielen war er bloß ein Impresario seiner sich langsam verbreitenden Ideen, die er unter dem Begriff „Logotherapie" zusammenfasste und die erst verhältnismäßig spät, 1995, zur auch staatlich anerkannten psychotherapeutischen Methode wurde.

Schon früh hat sich Viktor Frankl für die damals neue Psychoanalyse interessiert. Der 16-jährige Schüler ist mutig genug, um Freud einen Brief zu schreiben und erhält prompt Antwort. Aber auch sonst ist Frankl ein engagierter junger Mensch. Mit 23 Jahren initiiert er die Einrichtung von Schüler- und Jugendberatungsstellen, die besonders nach der Zeugnisvergabe aktiv werden sollen.

Nach dem Medizinstudium geht seine Karriere steil bergauf. Als Oberarzt leitet er von 1933–1937 das Psychiatrische Krankenhaus und wird mit seinem ersten großen Forschungsfeld konfrontiert, denn vorwiegend befinden sich Selbstmörder und Depressive auf seinen Stationen.

Als die Nazis in Österreich einmarschieren, darf Frankl als jüdischer Arzt nur mehr jüdische Patienten behandeln. 1942 wird er dann ins Ghetto Theresienstadt deportiert und 1944 nach Auschwitz und schließlich in ein Dachau- Außenlager überstellt. Frankl überlebt, im Gegensatz zu seinen Eltern und seiner Frau, indem er sich, wie er später erzählen wird, vorstellt, wie er nach seiner Befreiung rückblickend über diese Zeit berichtet. Er wendet also, wie er sagt, einen psychologischen Kunstgriff an. Später wird er in seinem Buch „ ... trotzdem Ja zum Leben sagen" darüber berichten. Das Buch wird ein Weltbestseller und enthält bereits die ersten Ansätze seiner späteren Leitidee: Lust- oder Machtstreben, sagt Frankl, sind nicht so wichtig für die psychische Gesundheit. Vielmehr ist es die Sinnerfüllung, die dem menschlichen Leben Tiefe und Gehalt gibt. So schrieb er in den 1950er- Jahren: „ Die Person ist ein Individuum, sie lässt sich nicht unterteilen, nicht aufspalten, weil sie eine Einheit ist. Die geistige Existenz ist einzigartig. Jede Person ist ein absolutes Novum. Die Person ist nicht lust-, sondern wertstrebig."

Damals ist Frankl bereits Vorstand der Wiener Neurologischen Poliklinik. Er versucht in der Patientenarbeit mit suizidgefährdeten Menschen neue Wege zu gehen, und probiert auch neue Verfahren aus, wie die paradoxe Intervention – also zum Beispiel die scheinbare Unterstützung des Arztes bei einer den Patienten schädigenden Handlung, die den Patienten derart verblüffen soll, dass er selbst „zur Vernunft" kommt. Frankl selbst also auf Eigeninitiative und, wenn auch vom Arzt unterschwellig geleitete, Selbsteinsicht des Patienten. „Sinn kann nicht gegeben, sondern muss gefunden werden", sagt Frankl.

In seinem ehemaligen Wohnhaus in der Mariannengasse 1 befindet sich das Viktor Frankl Zentrum. Es ist heute Archiv seiner Schriften und Aufzeichnungen und dient der Pflege und Verbreitung sowie der erweiterten Anwendung seiner Lehre. Hier lebte Frankl nach der Befreiung aus dem KZ im Jahre 1945 bis zu seinem Tod. Neben den Lehren von Sigmund Freud und Alfred Adler wurde die von Viktor Frankl entwickelte Logotherapie oder Existenzanalyse zur „Dritten Wiener Schule". Seine 32 Bücher erschienen in 29 Sprachen und erreichten große Auflagezahlen. Frankl wurde 1995 zum Ehrenbürger der Stadt Wien ernannt. Ein besonderes Zeichen der Wertschätzung setzte die Stadt Wien 1999 bei der Benennung einer städtischen Wohnhausanlage in der Zirkusgasse 52 in der Leopoldstadt in Viktor-Frankl-Hof.

Die wahre Geschichte der „Anna O."

··

Berta Pappenheim (1859–1936)

Der „Fall Anna O." gehört zur Medizingeschichte und ist eines der berühmtesten Lehrbeispiele der Psychoanalyse. Unter diesem Titel veröffentlichte der Arzt Josef Breuer eine für ihn äußerst ungewöhnliche Krankengeschichte, an die er „an sich nicht gerne" zurückdachte. Auf Drängen Freuds wurde dieser „Fall" aber doch 1895 in die „Studien zur Hysterie", die Breuer und Freud gemeinsam publizierten, aufgenommen.

Erzählt wird die Geschichte einer Frau „von überfließender geistiger Vitalität" und „scharfsichtiger Intuition", die unter „Hysterie" litt, einer damals gebräuchlichen Diagnose nervösen Frauenleidens. Tatsächlich zeigte diese junge Frau, die aufopfernd ihren kranken Vater bis zu seinem Tod gepflegt hatte, eine große Bandbreite an psychotischen Krankheitsbildern. Sie litt an Halluzinationen, Lähmungen und Phobien, es stellten sich Schübe von Taubheit und Sprachstörungen ein, und es traten Amnesien und zeitweise Essstörungen auf.

Von Breuer wurde sie auch mit der damals neuen Methode der Hypnose behandelt. Ganz heilen konnte sie Breuer aber nicht. Nach einer Wellenbewegung von Besserungen und neuerlichen Verschlechterungen in der Behandlung konnte Breuer letztlich nur ihren gesundheitlichen Zustand stabilisieren und überwies Bertha Pappenheim an die Privatklinik Bellevue am Bodensee, wo sie sich, auch später noch, einige Male zur Erholung aufhielt.

Ihre Identität wurde erst 1953 durch die Freud-Biografie von Ernest Jones gelüftet. Hinter dem Kürzel „Anna O." verbarg sich die österreichische Frauenrechtlerin und Sozialreformerin Bertha Pappenheim. 1859 in Wien geboren, aus einer konservativ jüdisch-orthodoxen Familie stammend, verweigerte sie die Ehe, weil sie sich nicht auf „Kinder, Küche und Kleider" festlegen wollte. Nach der Übersiedlung von Wien nach Frankfurt/Main entfaltete Pappenheim eine umfassende Tätigkeit als Schriftstellerin, – es entstanden Novellen, Gedichte und ein Schauspiel –, sowie als „Wohlfahrtsfeministin".

Sie initiierte Mädchenheime und Heime für Schwangere und unverheiratete Mütter, sie gründete 1904 den „Jüdischen Frauenbund" und kämpfte gegen Prostitution und Frauenhandel. Mit dem Aufkeimen des Nationalsozialismus in Deutschland setzte sie sich gegen antisemitische und frauenfeindliche Agitation ein und organisierte Konferenzen in und Studienreisen nach Palästina und Osteuropa. Bertha Pappenheim arbeitete unermüdlich gegen das „Schreckensbild der Zeit", doch wie zum Hohn für ihre Bemühungen wurden nach ihrem Tod 1936 – die Nazis warteten noch das Ende der Olympischen Spiele in Berlin ab – viele ihrer Einrichtungen niedergebrannt und das meist jüdische Personal wurde nach Theresienstadt und Auschwitz deportiert.

„Anna O." alias Bertha Pappenheim gilt heute als „Urpatientin" und als Geburtshelferin der Psychoanalyse. Ihre spontanen Einfälle, mit welchen sie experimentierte und die sie, im Wechsel der Perspektive, selbst deutete, sollen

den Grundstein zur Methode des freien Assoziierens gelegt haben. Ihre Fähigkeit, psychische Ereignisse sprachlich präzise zu fassen, ermöglichten neue interpretatorische Spielräume für die Seinsweise des Patienten. Entscheidend war auch, dass Bertha Pappenheim, indem sie das Arzt-Patient-Verhältnis umkehrte und sozusagen selbst das Tempo der Behandlung bestimmte, einen neuen Maßstab, nämlich den der Patientenzentrierung, in der Behandlung setzte. Und schließlich wurde das Abarbeiten der Symptome, indem man über sie redete und sich so ihrer Herkunft erinnerte, entscheidend für Freuds späteren Ansatz.

Buchtipp: Marianne Brentzel: Sigmund Freuds Anna O. Das Leben der Bertha Pappenheim, Leipzig 2004.

Die österreichische Seele

·····························

Erwin Ringel (1921–1994)

Wenn der Name Erwin Ringel fällt, denken viele zuerst an seine Stimme. Eine schneidende, unverwechselbare Stimme, die sich, so wie sein Denken, keinem faulen Kompromiss beugte. Wenn Erwin Ringel deutete, – und er war oft gelehrter Gast in Diskussionsrunden –, dann hörte Österreich zu, auch wenn er Dinge wie: „Meine Damen und Herren, wir alle sind neurotisch" von sich gab. Manchmal wurde er in dieser offenen und auch zum Lachen animierenden Art mit jenem Schriftsteller und Sprachkünstler der österreichischen Kultur verglichen, aus dessen Hauptwerk er immer wieder gerne zitierte: mit Karl Kraus. Auch dessen Wahrheiten in „Die letzten Tagen der Menschheit" würden zum Lachen anregen, meinte Ringel einmal, obwohl es Tatsachen sind, die uns eigentlich zutiefst erschüttern müssten.

Erwin Ringel der Arzt, Psychotherapeut, engagierte Suizidforscher und Professor für Psychosomatische Medizin trat manchmal hinter der populären Figur des pathetischen Redners und Volksbildners zurück. Dabei gehörte sein eigentliches Bemühen der Suizidforschung. Schon 1948 baute er mit Hilfe der Caritas das weltweit erste Zentrum zur Selbstmordverhütung auf. Aus der damals noch etwas schwerfällig benannten „Lebensmüdenfürsorge" wurde 1977 das heute multiprofessionell agierende – also von Spezialisten aus verschiedenen Bereichen betreute „Kriseninterventionszentrum".

Ringel war einer der ersten in der Forschung, der in ausführlichen Gesprächen mit gescheiterten Selbstmördern, über deren Motive, Ängste und Hintergründe, allgemeingültige präsuizidale Syndrome herausarbeitete. Sie sind noch heute wertvolle Instrumente der Früherkennung bei Selbstmordgefährdeten. Sein wahrscheinlich wichtigstes Buch entstand 1953 und trägt den Titel „Der Selbstmord. Abschluss einer krankhaften Entwicklung". International trug ihm dieses Buch den Titel „Mr. Suizid" ein.

Darüber hinaus baute Ringel die psychosomatische Forschung aus und installierte die erste Psychosomatische Station in Österreich. Durch seine Vorträge zu dem Thema „Was kränkt macht krank" hat er für die Psychosomatik wichtige Aufklärungsarbeit geleistet.

Gerade dieser psychosomatische Weg scheint eine logische Fortsetzung der Individualpsychologie zu sein, deren Vertreter er war. Diese weitere Schule der Tiefenpsychologie, die auf Alfred Adler zurückgeht und ihr Augenmerk auf die menschliche Beziehungen legt sowie die unverbrüchliche Einmaligkeit und Einzigartigkeit des Individuums betont, war Nährboden für eine neue Körper-Psyche-Diskussion innerhalb der Psychotherapie. Ringel baute ab 1960 den durch den Krieg stark verwaisten „Österreichischen Verein für Individualpsychologie" wieder auf und förderte auch die Ausbildung zum Individualpsychologen. Darüber hinaus war es ihm aber auch wichtig, dass eine solche Tätigkeit auch in der sozialen Praxis umgesetzt werden kann. Als Obmann des Vereins für Bewährungshilfe und Sozialarbeit war er hier federführend beteiligt.

Streitbar wie Ringel war, machte seine Neurosenlehre nicht im Pathologischen halt. Wichtige Bücher und Vorträge über die Psychotherapie und Kunst sowie über Neurosenlehre

und Religion machten ihn über die Grenzen Österreichs bekannt.

1981 wurde er ordentlicher Professor für Medizinische Psychologie und das Fach „Medizinische Psychologie" endlich ins ärztliche Curriculum integriert. Sein medial größter Erfolg gelang ihm aber 1984 mit dem Buch „Die österreichische Seele". Hier polarisiert Ringel gekonnt nach allen Seiten hin und wurde nicht zuletzt deswegen „Seelendoktor der Nation" genannt oder aber als „Nestbeschmutzer" beschimpft.

Ringel war in dieser Hinsicht aber unverwüstlich. Er war zwar überzeugter Katholik, hielt sich aber mit harscher Kritik an der Amtskirche nicht zurück. Seine Zivilcourage war bekannt. Saß er doch schon 1939 einige Wochen in Gestapo-Untersuchungshaft, weil er 1938 am Stephansplatz eine Antinazikundgebung mitorganisiert hatte.

Am 28. Juli 1994 starb Erwin Ringel an Herzversagen. Einen seiner letzten Vorträge schloss er mit den Worten des Jesuitenpaters N. Brüning: „Es ist mir zwar vieles nicht gelungen, aber ganz vergeblich ist mein Dasein nicht gewesen."

Wenn Sie unter www.mediathek.ac.at auf „galerien" und dann auf „wissenschaft und kunst" klicken, finden Sie eine ganze Palette an Tonaufnahmen bekannter Psychoanalytiker, unter anderem von Erwin Ringel. Im ORF-Shop gibt es „Erwin Ringel: Eine neue Rede über Österreich" als CD.

Das starke Geschlecht

. . . .

Männerberatung Wien

Männer und Beratung schienen lange Zeit ein Widerspruch in sich zu sein. Männer, so meinten Männer, bräuchten nur das Bier mit einem Freund nach Dienstschluss, das wäre Beratung genug. Und nur nicht zu viel zerreden, das war die Devise.

Dass Beratung aber vielfältiger ist, dass Beratung heute sehr weit greift und eine befriedigende Lebensgestaltung genauso beinhaltet wie Identitätsfragen, Beziehungskonflikte, Trennungssituationen, sexuelle Probleme, Einsamkeit, Isolation oder Sucht zeigt die Männerberatung, die seit 1984 diese Bereiche abdeckt.

Mehr als dreitausend Klienten pro Jahr beweisen, dass der Bedarf und die Akzeptanz des Angebotes groß ist.

Anfang der 1970er-Jahre titelte Günther Nennings „Neues FORVM" provokante Männerselbstbekenntnisse, vom Innenleben der Steppenwölfe war zu lesen, von kriegsgezeichneten Väter-Söhnen, von gesellschaftlicher Zurichtung derer, die „funktionieren" wurde rapportiert, von den Methoden, „wie ein Mann gemacht" wird.

Der Schlüssel zum Verständnis des „modernen" Mannes liegt in seinem (unterdrückten?) Gefühlsleben – das ist heute diskursiver Mainstream. In der Realität erleben sich viele als schwach, ohnmächtig und hilflos. Denn selbst relativ präsente Väter können sich gegenüber ihren Söhnen und Töchtern häufig nicht als ganze Menschen präsentieren, mit Stärken und Schwächen, Freud und Leid, schon gar nicht mit Ängsten und Hilflosigkeiten.

Das Bild des Starken und Mächtigen, des Coolen, aber auch der strafenden Instanz ist nach wie vor präsent. Weil Männer lieber „sachlich", „zielorientiert" und „effektiv" sein wollen, verdrängen sie alles, was sie dabei stören könnte vor allem Gefühle. Für diese Abspaltung zahlen sie einen hohen psychischen und gesundheitlichen Preis.

„Positive Männlichkeit" bedeutet, sagen Männerexperten, die eigenen Fähigkeiten zu erkennen, sie als Partner, Vater oder Freund einzusetzen und sich der eigenen Stärken und Schwächen bewusst zu sein. Die Männerberatung hat wirksame Methoden der Persönlichkeitsentwicklung und Rollenreflexion entwickelt. Die Berater und Psychotherapeuten bieten intensive Selbstreflexion, Einzel- und Gruppentherapie, man arbeitet auch mit gewalttätigen Männern und sexuellen Mißbrauchstätern. Wird ein Mann nach einem häuslichen Konfliktfall von der Polizei weggewiesen, lautet die behördliche Auflage oft: „Setzen Sie sich mit der Männerberatung in Verbindung".

Die Männerberatung hilft, wenn Not am Mann ist.

Ein wichtiger Bestandteil der psychologischen Beratung bildet die Väterarbeit. Ein besonderes Anliegen ist es, Männer in ihrem Bestreben nach aktiver Vaterschaft zu unterstützen.

Ur-Vater der Körpertherapie

Wilhelm Reich (1897–1957)

Er trug meist einen weißen Arztkittel, doch er bewegte sich zeit seines Lebens im Grenzgebiet von Wissenschaft und Politik. Für seine Anhänger ist er noch immer ein unverstandener Prophet, für seine Gegner ein Scharlatan, der an sich selbst scheiterte.

1897 im österreichischen Teil Galiziens geboren, kämpft der Sohn eines jüdischen Gutsbesitzers in der k.u.k. Armee im Ersten Weltkrieg und studiert anschließend Medizin an der Wiener Universität, wo er auch Sigmund Freud trifft. Im Gegensatz zu seinem Lehrmeister, der das Es, das Ich und das Über-Ich als die Bausteine des Individuums ansieht, entwickelt Reich eine politische Psychoanalyse, die er „Sexualökonomie" nannte. Schon als 21-jähriger Student ist er der Überzeugung, „dass die Sexualität der Mittelpunkt ist, um den herum das gesamte Leben wie die innere Geisteswelt des einzelnen sich abspielt." Er gründet in Wien die „Sozialistische Gesellschaft für Sexualberatung und Sexualforschung" und schockiert die akademische Welt und die Wiener Gesellschaft mit einer Schrift über „Die Funktion des Orgasmus", die 40 Jahre nach ihrem Erscheinen im Jahre 1972 von der antiautoritären Bewegung zu einer Art Bibel stilisiert wurde. Reich muss schließlich vor den Nazis fliehen.

In Dänemark publiziert er die „Massenpsychologie des Faschismus", eine unkonventionelle Analyse des Zusammenhangs von sexueller Unterdrückung und faschistischer Orientierung. 1939 emigrierte er in die USA und gründet wenige Jahre später das Orgon-Institut, in dem er sich vor allem der Erforschung der kosmischen Energie widmet und einen „Orgon-Akkumulator" konstruiert, einen Apparat, der seinem Benutzer gegen alle möglichen Krankheiten helfen soll. Die amerikanische Gesundheitsbehörde untersagt den Vertrieb der Maschine und Wilhelm Reich wird zu zwei Jahren Haft verurteilt. Er stirbt am 3. November 1957 im Bundesgefängnis von Lewisburg in Pennsylvania.

Zentrales Thema bei Wilhelm Reich ist der Umgang mit der menschlichen Sexualität. Er war der Meinung, dass die Energiequelle jeder Neurose gestaute sexuelle Energie ist. Vom lebendigen Kern jedes Menschen drängen natürliche, liebevolle Impulse nach außen, in die Welt und auf einen anderen Organismus zu. Werden diese ständig gebremst, behindert und bekämpft (z. B. durch eine die Sexualität unterdrückende Erziehung, die Moral der Gesellschaft), so entsteht eine Aufstauung der Lebens- und sexuellen Energie und dadurch eine Verhärtung rund um den Kern, die zu einem regelrechten Panzer wird, den es aufzulockern gilt, um wieder zu einem gesunden, „genitalen" Charakter zu finden.

So umstritten unter anderem seine Nackttherapie zur Befreiung verschütteter libidinöser Bedürfnisse ist, so vehement setzt sich das 1982 gegründete Wilhelm-Reich-Institut für seine Theorien ein. Das „Enfant terrible" der Psychoanalyse, das man 1934 aus der Vereinigung ausschloss, sollte in seiner einzelkämpferischen Radikalität, in seinen Ideen und Schriften endlich Beachtung finden.

Das Wilhelm-Reich-Institut forscht und vernetzt in Sachen Körpertherapie und bietet Vorträge zur Orgontherapie an.

Der Archetypus in uns allen

···································

C. G. Jung (1875–1961)

Die Analytische Psychologie, von Carl Gustav Jung begründet, zählt zu den sogenannten klassischen tiefenpsychologischen Schulen. Der Mensch wird bei Jung immer in seiner Ganzheit betrachtet, in einer Ganzheit, die, geht man den Wurzeln des Menschseins nach, bis in die Vorgeschichte der Menschheit zurückreicht. Neben der Lebensgeschichte einer Person gibt es daher auch die Urbilder der Seele, die gleichsam von Kultur und Tradition unbeeinflussten Konstanten des Unbewussten. Ein Unbewusstes, das sich daher auch in ein individuelles und in ein kollektives Unbewusstes unterteilen lässt, wobei sich das kollektive Unbewusste im Archetypus, also in dieser überzeitlichen und überkulturellen Einheit, manifestiert.

Daraus schließt Jung, dass man in der therapeutischen Behandlung an den Patienten unter ganz anderen Voraussetzungen herantreten muss. Zuerst gilt es, die Sprache dieses komplexen Unbewussten zu entziffern, eine Sprache, die, wie Jung meinte, vorwiegend im Symbolischen Ausdruck findet.

Im Prozess der Reifung und Selbstwerdung eines Menschen ist daher der Therapeut ein Begleiter und Interpret der Träume und Phantasien. Der Therapeut ist sozusagen der dialogisch-analytische Reisebegleiter durch die Seelenlandschaft eines Menschen. „Heilung" bedeutet daher für C. G. Jung „Individuation", also das Herauslösen des eigentlichen Ichs aus seelischer Erstarrung und Entfremdung. Dazu gehört das Entschlüsseln der unbewussten, innerseelischen Konflikte und dazu gehört auch das Hinabsteigen zu den Urbildern der Menschheit, die man in sich trägt. In diesem Zusammenhang spricht Jung auch von der „Integration des Schattens". Einer seiner berühmtesten Patienten, Hermann Hesse, hat dieses Thema sehr oft in Romanen und Erzählungen behandelt.

C. G. Jung bricht hier mit Sigmund Freud und beendet mit seinem 1912 erschienenen Buch über „Wandlungen und Symbole der Libido" eine äußerst fruchtbare Zusammenarbeit. 1907 kommt Jung nach Wien und pflegt sehr intensiven Kontakt mit den Wiener Kollegen. Die Wissenschaft vom Unbewussten steckt noch in den Kinderschuhen und das Bedürfnis nach Austausch und Diskussion ist sehr groß. Jung ist in dieser Zeit nicht nur Redakteur des Jahrbuches für psychologische und psychotherapeutische Forschung, sondern bekleidet von 1910 bis 1914 auch das Amt des Präsidenten der Internationalen Psychoanalytischen Vereinigung.

Der Bruch kommt, als Jung den Begriff der „Libido" des Menschen – ganz im Gegensatz zum damaligen Freud-Ansatz – nicht ausschließlich auf die Sexualenergie beschränkt wissen will. Jung postuliert das umfassendere, aber auch abstraktere Modell einer psychischen Primärenergie. Nach dem Bruch mit Freud versucht Jung seine neue Theorie zu untermauern und auszubauen. Er unternimmt ausgedehnte Reisen nach Afrika und Asien. Seine umfassende Sammlung fernöstlicher Artefakte ist heute noch wegweisend für die Völkerkunde und Kunsttherapie. Die 1980 gegründete österreichische Arbeitsgemeinschaft für Analytische Psychologie sieht sich der wissenschaftlich forschenden Tradition ihres Begründers verpflichtet. 1983 zur ÖGAP (Österreichischen Gesellschaft für Analytische Psychologie) umbenannt, ist sie nach österreichischer Gesetzeslage berechtigt, PsychotherapeutInnen nach C. G. Jung auszubilden. Darüber hinaus bietet die C. G. Jung-Gesellschaft ein breites Programm an Vorträgen und Vorlesungen, Zusatzausbildungen und Supervisionen. Auch das Abhalten von Internationalen Kongressen und das Herausgeben einer Fachzeitschrift gehört zu ihrem Aufgabenfeld.

Buchtipp: Der Briefwechsel zwischen Sigmund Freud und C. G. Jung ist im S. Fischer Verlag 1987 erschienen.

Der verstoßene Kronprinz

Alfred Adler (1870–1937)

Ein kleiner, immer kränklicher Junge aus der Wiener Vorstadt erlebt den Tod seines Bruders. Verzweifelt schreibt er in sein Tagebuch: „Ich möchte Arzt werden, den Tod besiegen, immer anderen helfen." Unter schwierigen Bedingungen studiert Alfred Adler Medizin, wird Doktor der Augenheilkunde und eröffnet schließlich eine Praxis für Allgemeinmedizin in der Czerningasse im zweiten Bezirk. Der ehrgeizige stämmig-untersetzte Mann mit dem charakteristischen Zwicker ordiniert hier – im Gegensatz zu Freud – als Armenarzt, verfasst kämpferische Artikel gegen die medizinische Unterversorgung, fordert „Eine Lehrkanzel für soziale Medizin" und wird Wortführer einer Gruppe engagierter junger Ärzte, die – politisch „links" – das etablierte System angreifen.

„Entdeckt" wird er von Sigmund Freud, dem seine kämpferischen Artikel in der Arbeiterzeitung imponieren. Adler, der eine Tätigkeit im klinischen und universitären Bereich anstrebt, wird von Freud zu dessen Mittwoch-Gesellschaft, einer Diskutierrunde junger Ärzte und Wissenschafter, eingeladen. Die Gruppe der Gründungsmitglieder der Psychoanalyse besteht in dieser ersten Stunde aus fünf Medizinern: Wilhelm Stekel, Max Kahane, Rudolf Reitler, Alfred Adler und Sigmund Freud. Adler ist der „Benjamin" der

Runde. Wie Freud erforscht er das Seelenleben, und legt zahlreiche Schriften und ein imponierendes Werk mit eingängigen Titeln vor, wie etwa: „Der Sinn des Lebens". Unüberbrückbare Konflikte zeigen sich jedoch bald: Anfangs noch als Bereicherung der Psychoanalyse verstanden, entwickelt Alfred Adler aufgrund seiner Erfahrungen als Armenarzt eine eigenständige Theorie, die von sozialen Beweggründen und einem Minderwertigkeitsgefühl als Triebfeder menschlichen Handelns ausgeht. Adler glaubt an die Gleichwertigkeit aller Menschen. Besondere Aufmerksamkeit widmet er der „Körpersprache". So legen sich zum Beispiel seine Patienten nicht – wie meistens bei Freud – auf die berühmte Couch, sondern sitzen, wie er selbst, gleichberechtigt auf einem Stuhl. Und nicht nur in der Methode grenzt er sich klar von Freud ab. Er verwirft dessen Theorie, die die menschliche Triebnatur als Motor für alle Handlungen sieht und propagiert die Freiheit und die Verantwortung des Individuums. Schließlich kommt es zum Bruch zwischen Freud und seinem „ersten Schüler". Die Verbitterung, die Rivalität und Ablehnung des „Kronprinzen" durch den Vater der Psychoanalyse dokumentiert das spöttische Freud-Statement zu dessen Tod.

Als Adler auf einer Vortragsreise in Aberdeen nach einem Herzinfarkt auf der Straße stirbt, ist von Freud zu vernehmen: „Für einen Judenbuben aus einem Wiener Vorort ist ein Tod in Aberdeen, Schottland, eine unerhörte Karriere und ein Beweis, wie weit er es gebracht hat. Wirklich hat ihn die Mitwelt für das Verdienst, der Analyse widersprochen zu haben, reichlich belohnt."

Das Alfred Adler Institut in der Hernalser Hauptstraße 15, verfügt über eine eindrucksvolle individualpsychologische Dokumentation und eine umfangreiche Bibliothek. Infos unter www.oevip.at

Hilf mir, es selbst zu tun ...

•••••••••••••••••••••••••••••

Maria Montessori (1870–1952)

Maria Montessori führte ein ungewöhnliches Leben. Sie stammte aus einer hochgebildeten norditalienischen Familie und interessierte sich schon in ihrer Schulzeit für die Naturwissenschaften. 1896 promoviert sie als erste Frau an der medizinischen Fakultät in Rom. Als Ärztin spezialisiert sie sich auf die Kinderheilkunde und nimmt sich besonders der geistig behinderten, zur damaligen Zeit nur notdürftig versorgten Kinder an. Für diese entwickelt sie ein spezielles pädagogisches Spielzeug, das sogenannte Montessori-Material das gemeinsam mit der von ihr entwickelten Pädagogik heute teilweise Eingang in die Regelschulen gefunden hat.

1906 bittet sie der sozial engagierte Eduardo Talamo, Präsident einer Gruppe von Bankiers, im römischen Arbeiterviertel San Lorenzo eine Kinderkrippe einzurichten, denn die Jüngsten dort waren sozial auffällig und neue Ideen waren nötig, um den sozialen Problem der Zeit zu begegnen. Maria Montessori startet energisch, gründet nach der ersten „Casa dei bambini" mehrere Kinderhäuser und baut ihre Methode vom Kleinkindalter bis zum 12. Lebensjahr aus. Sie ist überzeugt davon, dass Kinder frei lernen sollten, ohne Behinderung und Kritik. Sie argumentiert, dass sowohl Belohnungen als auch Strafen für die innere Einstellung schädlich seien, dass Kinder ganz natürlich aus eigener Motivation lernen wollen. Vor allem deshalb, weil es in ihrer Natur liege, am (erwachsenen) Leben teilhaben zu wollen.

Die Montessori-Methode konzentriert sich auf die Bedürfnisse und Begabungen des Kindes, jedes hat einen eigenen Rhythmus, eine besondere Art zu lernen, es geht um den Respekt und um Achtung der Individualität. Das Leitmotiv der Methode ist die Pflege der natürlichen Freude am Lernen, diese führt zur Entwicklung einer in sich ruhenden und ausgeglichenen Persönlichkeit. Montessori-Kindergartenkinder lernen (in erster Linie durch Nachahmung) sich anzuziehen, sich selbst zu waschen, den Esstisch vorzubereiten usw. Sie können sich selbst aussuchen, woran sie arbeiten möchten. Die Pädagogik setzt dabei immer ihren Schwerpunkt auf den Lernenden als Führer seiner eigenen Entwicklung hin zum Ideal.

„Wir müssen das Kind führen, indem wir es frei lassen", postuliert Maria Montessori und meinte damit jenen Freiraum, der es Kindern ermöglicht, zu eigenverantwortlichen Persönlichkeiten heranzureifen. Ihre Methode verbreitet sich rasant über ganz Europa bis nach Amerika. 1922 errichtet Lilli Esther Roubiczek die erste Montessori-Institution Österreichs in Wien. Die Montessori-Bewegung in Österreich kommt erst richtig in Gang, als die Pädagogin 1924 einen Vortrag in der Wiener Hofburg hält. Mit Unterstützung von Sigmund Freud wird die Association Montessori Internationale (AMI) mit Sitz in Berlin gegründet. 1936 emigriert die unermüdliche Wissenschaftlerin nach London und muss dann 1939 vom Kriegsbeginn überrascht in Indien im Exil bleiben. Ihren Lebensabend verbringt sie in den Niederlanden, wo sich bis heute der Hauptsitz der AMI befindet.

Neben der umfassenden Montessori-Ausbildung bietet das Zentrum ein spezielles Eltern-Coaching und einen gut sortierten Shop.

Am Steinhof

······························

Otto-Wagner-Spital

Wien um 1900 war eine Metropole mit mehr als zwei Millionen Einwohnern. Doch für die Pflege von psychisch kranken Menschen gab es nicht mehr ausreichend Platz in den
diversen „Versorgungsanstalten". Wurden psychisch Kranke im 18. Jahrhundert noch im Narrenturm (siehe S. 68)
weggesperrt, wurde das „Irrenwesen" schon im 19. Jahrhundert zu einer öffentlichen Angelegenheit. So musste die
Stadt Wien die Betreuung jener psychisch Kranken sichern,
die nicht bei ihren Familien gepflegt werden konnten.

Mit dem medizinischen Fortschritt und der Anerkennung
der Psychiatrie als eigener Wissenschaft, änderte sich die
Haltung den psychischen Patienten gegenüber zusehends,
was sich nicht zuletzt in dem aufwendigen Bau der Niederösterreichischen Landes-Heil- und Pflegeanstalt für
Geistes- und Nervenkranke manifestierte, die 1907 feier-
lich eröffnet wurde. Es war ein Prestigeobjekt des christ-
lich-sozialen Bürgermeisters Karl Lueger, entworfen von
Stararchitekt Otto Wagner. Mit 2.000 Betten war es die
größte Einrichtung dieser Art in Europa, eine Art kleine
Stadt mit 61 Pavillons, einer eigenen Kirche, mit einem
Schwimmbecken, einer Kegelbahn, einem Tennisplatz und
einem eigenen Theater. Bis in die 30er-Jahre gab es hier
ein reges Theater- und Musikprogramm sogar mit einem
eigenen Anstaltsorchester. Scharen von Fachleuten und
Schaulustige aus aller Welt kamen, um die Architektur am

Steinhof zu bestaunen und zu studieren. Für die neugierigen Wiener wurden sogar Rundfahrten zur Besichtigung organisiert.

Vermögende und adelige psychisch Kranke aus ganz Europa quartierten sich am Steinhof ein. Die eleganten Pavillons wurden nach dem Ersten Weltkrieg in eine Lungenheilstätte umgewandelt – noch heute befindet sich hier das „Pulmologische Zentrum".

Im Dritten Reich erlangte Steinhof traurige Berühmtheit. Hier befand sich das Zentrum des nationalsozialistischen Euthanasieprogramms, das mindestens 7.500 „Patienten" das Leben kostete. Von 1940 bis 1945 existierte auf dem Anstaltsgelände unter der Bezeichnung „Am Spiegelgrund" eine sogenannte „Kinderfachabteilung", in der rund 800 kranke oder behinderte Kinder und Jugendliche umkamen. Eine aufwühlende Dauerausstellung dokumentiert im V-Bau links unterhalb der Anstaltskirche die Geschichte der NS-Medizin, die mit dem Fall des Dr. Gross ihre Schatten bis in unsere Zeit wirft. Der Prozess des bis 1943 tätigen Arztes und Abteilungsvorstands verlief im Sande, er forschte ab 1953 ungeniert mit den Gehirnen der Spiegelgrund-Opfer und wurde dafür sogar ausgezeichnet. Erst 1979 nahm sich eine Arbeitsgemeinschaft „Kritische Medizin" des Falls an, aber es dauerte noch 20 Jahre, bis die Wiener Staatsanwaltschaft Anklage erhob. Dr. Gross verstarb vor der Urteilsverkündigung.

Abgesehen von der berühmten Otto-Wagner-Kirche lohnt ein Besuch in Steinhof auch wegen des interessanten Musiktheaterprogramms im Jugendstiltheater. Informationen unter www.jugendstiltheater.at

Jugendstil am Lemoniberg

·····························

Kirche am Steinhof

Das Hauptwerk des Wiener Jugendstils und gleichzeitig Meisterwerk Otto Wagners befindet sich inmitten der psychiatrischen Klinik am Steinhof, genauer gesagt am Ende der oberen Achse der Spitalsanlage, die streng symmetrisch angeordnet ist. Über einen Zickzagweg gelangt man vom Verwaltungsgebäude vorbei am Jugendstiltheater und der Anstaltsküche bis zur Anstaltskirche zum Hl. Leopold, so ihr eigentlicher Name. Nach der kürzlich erfolgten Renovierung leuchtet die goldene Kuppel wieder gelblich im Sonnenschein, was dem Hügel den Spitznamen „Lemoniberg" einbrachte.

In einer Bauzeit von nur drei Jahren (1904–07) wurde hier außerhalb der Stadt der erste Sakralbau der Moderne errichtet. Mit der Kirche verfolgte Otto Wagner eine bis ins Detail gehende Bedachtnahme auf den eigentlichen Zweck – ein Sakralraum für Geisteskranke sollte entstehen, groß, hell, lichtdurchflutet, ohne Säulen und Nischen, und mit freiem Blick auf den Altar.

Um Infektionen zu verhindern, konstruierte er besondere Weihwasserbecken. Und um optimale Reinigung mit viel Wasser zu ermöglichen, ließ er den Fußboden leicht abfallend verlaufen. Insgesamt wurden „alle Staubwinkel" in der Kirche durch stark einströmendes Licht vermieden. Die

Kürze der Kirchenbänke garantierte den jederzeitigen Zugriff der Wärter. Drei Eingangsportale waren dem Architekten wichtig, um den getrennten Zugang der Geschlechter und des Personals zu ermöglichen.

Wagner selbst trug auch viel zur Gestaltung des Innenraumes bei: Altäre, Tabernakel, ein hygienischer, tropfender Weihwasserspender, Beleuchtungskörper, Beichtstühle und sogar die Messgewänder wurden nach seinen Entwürfen hergestellt. Dabei sparte er nicht an edlen Materialien: Die Wände sind außen und innen mit Carrara-Marmor verkleidet, die Kuppel mit kostbarem Gold versehen. Eine besondere Atmosphäre im Innenraum der Kirche steht durch die Glasmosaikfenster von Koloman Moser (1868-1918). Mosers Riesenfenster gelten als der Höhepunkt der Glasfensterkunst im Zeitalter des Jugendstils. Doch der Kirchenbau weckte viele Kritiker. Der für alle Kunstfragen zuständige Thronfolger Franz Ferdinand machte keinen Hehl aus der Ablehnung derartiger Baugesinnung. Der niederösterreichische Landtag beschäftigte sich mit der Frage, ob Wagners architektonische Gestaltung einem katholischen Kirchenbau angemessen sei.

Doch es ist bemerkenswert und kein Zufall: Das erste stilbildende „sezessionistische" Gebäude wurde für die „Irrsinnigen" gebaut. Da man so ein Kirche in der Stadt Wien aufgrund heftiger Widerstände nicht hätte bauen können, errichtete man diese eben in einer Irrenanstalt und selbst da gab es massive Proteste wegen der „Einfachkeit".

Jeden Samstag gibt es von 15 bis 16 Uhr eine Führung durch die Kirche. Anmeldung ist nicht erforderlich. An einer Messe kann man immer sonntags um 9 Uhr teilnehmen, im Anschluss steht die Kirche auch für eine Besichtigung offen.

Stadt des Kindes

· ·

Ein idealistisches Projekt

Die Stadt Wien wollte ein deutliches Zeichen in Richtung Zukunft setzen. Anlässlich des 50. Geburtstags der Republik Österreich beschloss der Gemeinderat 1969, ein Kinderheim zu errichten, wie es die Welt bisher nicht gesehen hatte: eine freundliche Wohnanlage mit Schwimmbad und Sporthalle, Theater und Café, die allen Bewohnern des Bezirks offen stehen sollte. Das Vorzeigeobjekt und Aushängeschild des sozialpädagogischen Elans des Jugendamtes der Stadt Wien bedeutete das Ende der Bewahranstalten für „schwer erziehbare" Kinder. Aufbruch war angesagt, als einen „Bau als Meeresbucht und Hafenstadt" beschrieb der gesellschaftskritische Dichter Michael Guttenbrunner die freundliche Kinderstadt.

Der Architekt, Anton Schweighofer gab dem sozialpädagogischen Konzept seine besondere, architektonisch-städtebauliche Form und der Architekturkritiker Friedrich Achleitner notierte:

„Es sollte als Alternative zu den geschlossenen Anstalten und Jugendheimen (mit ihren programmierten Folgeschäden) eine neue Struktur gefunden werden. Die Kinder sollten sichtbar nicht als Randgruppe deklassiert, sondern als Bewohner eines Zentrums und einer kommunikativen Freizeiteinrichtung auch gesellschaftlich akzeptiert werden."

Familienähnlich strukturierte Kleingruppen bewohnten ab 1974 das großzügige Ambiente nach Vorbild der SOS-Kinderdörfer, die mit „Der Stadt des Kindes" in eine urbane Form übertragen wurden. Hochmotivierte Erzieher betreuten die Schützlinge bis zu Ihrer Selbstständigkeit. Man praktizierte Teamarbeit, Supervision, Fort- und Weiterbildung. Das ebenfalls in der Stadt des Kindes lokalisierte „Institut für Erziehungshilfe – Child Guidance Clinic" leistete tiefenpsychologische Forschungs- und Therapietätigkeit. Der Bau war in seiner humanitären Dimension richtungweisend. Die Familiengruppen und ihre Betreuer lebten in fünf mehrgeschoßigen Wohnhäusern.

In der Architekturfachzeitschrift „Domus" (1985) ist zu lesen: „Das architektonische und städtebauliche Meisterwerk ist ein Baudenkmal von europäischem Rang, das in seiner Bedeutung nur mit Aldo von Eycks früherem Kinderheim von 1958–60 in Amsterdam vergleichbar ist." Doch ein Jubiläum wurde nie gefeiert, die Heimreform 2000 der Stadt Wien beschloss, Pflegekinder zukünftig in betreuten Wohngemeinschaften oder Pflegefamilien unterzubringen. Das bedeutete das Aus für diverse Großheime und paradoxerweise auch für das Prestigeobjekt „Stadt des Kindes". Die letzten Gruppen wurden 2002 abgesiedelt. Zuletzt gingen die Wogen zwischen Bewahrern der Anlage und Verfechtern der Neunutzung hoch. Nach langen Kämpfen erzielte man aufgrund der schlechten Bausubstanz folgenden Kompromiss: Das Schwimmbad und die Sporthalle sowie einige Familienhäuser bleiben erhalten und werden teilweise der Öffentlichkeit zugänglich gemacht, auf dem restlichen Areal entstehen circa 240 Wohnungen.

Bilder unter Kontrolle

· ·

Die Boje

Das Unfassbare passiert ohne Vorwarnung: Gewalt, Tod, Verlust. Das Kind überlebt den Autounfall unverletzt, die Eltern finden den Tod, es hat alles gesehen. Ein Jugendlicher kommt nach Hause und findet Vater und Mutter leblos – Mord und Selbstmord. Ein Elternteil stirbt an Krebs, die hinterbliebenen Kinder stehen unter Schock.

Gewalt in jeder Form traumatisiert, tief im Unbewussten entstehen Wunden, die immer wieder aufbrechen und Menschen lebenslang belasten können (posttraumatische Belastungsstörung, Depression, Angststörungen).

Normalerweise hat ein Kind im Alltagsleben eine Bindungsperson, die Schutz und Sicherheit gewährleistet. In der Regel sind dies Mutter oder Vater, vielleicht auch die Großeltern oder eine andere nahestehende Person. Wenn immer das Kind Angst hat oder sich erschreckt, weil zum Beispiel ein großer Hund vorbeiläuft oder weil es aus einem Albtraum aufgewacht ist, würde es diese Bindungsperson aufsuchen, dort erfährt es Körperkontakt, Schutz und Sicherheit, und das Erregungssystem, das Herzklopfen verursacht, Hormone ausschüttet und Alarm schlägt, würde sich ganz rasch wieder beruhigen. Traumatisierung tritt dann ein, wenn das Ereignis nicht verarbeitet werden kann und diese „traumatisierenden" Ereignisse zu seelischen

Verletzungen führen. „In solchen Lebenssituationen ist rasche professionelle und menschliche Hilfe entscheidend", sagt Dr. Gertrude Bogyi, Psychologin und Psychotherapeutin an der Universitätsklinik für Neuropsychatrie des Kindes- und Jugendalters, die mit Gleichgesinnten „Die Boje" gründete, weil es keine psychotherapeutische Ambulanz für geschockte Kinder- und Jugendliche gab.

Die schrecklichen Bilder unter Kontrolle zu bringen, Angst und Panik zu bannen, ist erster Teil einer spezifischen traumapsychotherapeutischen Therapie. Diese verhindert, dass akute Symptome chronisch werden und sich nicht psychisch festsetzen. Wut, Schmerz, Trauer, die überwältigenden Erfahrungen und Erlebnisse müssen verarbeitet werden, es blutet dann nicht immer wieder aufs Neue, wenn Erinnerungen an diese Erfahrungen wach werden. Unbehandelte Traumaerfahrungen jedoch sind ein Risikofaktor und führen zu selbstschädigenden Überlebensstrategien, dann etwa, wenn Gefühle „weggeschaltet" werden, um nicht zu spüren, was nicht aushaltbar ist. Wir nennen das Dissoziation. Der Preis der Dissoziation besteht darin, dass Kinder schließlich gar keine Gefühle mehr spüren, weder Angst noch Schrecken, noch Freude, Zuwendung oder Trost.

In ihrer Arbeitsweise folgt das Boje-Team der individualpsychologischen Tradition, die sich seit Alfred Adler mit Kindern und Jugendlichen und krisenhaften Geschehnissen beschäftigt. Die unbewusste Bedeutung von Krankheits- und Leidenszuständen soll bewusst gemacht werden und dem Klienten helfen, neue Erlebnis-, und Handlungsmöglichkeiten zu finden.

Die Boje bietet neben Erziehungsberatung und Psychotherapie die interessante Vortragsreihe „Gespräche über Kinder".

Strafe und Therapie

· ·

Der andere Weg

Menschen können dies und das und vieles, was sie selbst nicht für möglich gehalten haben. Sie können Musik machen und Bilder malen, und können quälen und Gewalt ausüben. Viele kreative Fähigkeiten sind in uns, aber auch die Fähigkeit, andere nach Willkür zu zerstören.

Den Zusammenhang von Macht und Gewalt haben wir in der Moderne geächtet und dabei verlernt, ihn wahrzunehmen. Was bleibt, ist Abscheu und Faszination. Gewalt wird oft genug zum Mittelpunkt medialer Empörung – und dann?

Die gesellschaftliche Wirklichkeit von Gewalt wird im Gerichtssaal sanktioniert und in der Haftanstalt verwaltet, doch die Hintergründe und Motive werden zu wenig reflektiert. Wir behandeln Straftäter wie Personen, die mit einem sehr ansteckenden Virus infiziert sind, wir sagen: Diese Leute sind sehr gefährlich, wir müssen sie isolieren.

Gewalt an Kindern, Jugendlichen und Erwachsenen gibt es in vielen Formen, am IGF geht es um Forschung, Prävention und Deliktprognose, um Therapie für Straftäter und um interdisziplinäre Projekte im forensischen Bereich.

Betrüger, Mörder, Dealer, Sexualstraftäter: Sie alle müssen nicht nur bestraft, sondern viele müssen behandelt werden. Zentrale Figur des IGF ist Univ.-Prof. Dr. Reinhard Eher, Psychiater, Psychotherapeut und Mitbegründer des Instituts. Ihm werden alle verurteilten Sexualstraftäter vorgestellt. Mit einem multiprofessionellen Team führt er seit 1999 in zahlreichen Justizvollzugsanstalten Psychotherapie für Straftäter durch. Darüber hinaus ist das IGF Ausbildungs- und Fortbildungsinstanz in der Forensik. Die regelmäßig stattfindenden „Stodertaler Forensiktage" präsentieren den Standard der Forschung im Bereich „Psychotherapie und Strafvollzug" und werden seit Jahren im Auftrag des Bundesministeriums für Justiz organisiert.

Noch immer geht es im Bereich der Strafjustiz und im Strafvollzug primär um Schuld und Sühne und weniger oft um Prognose und Bewahrung. Doch allmählich zeigt sich ein Funktionswandel, weg von der Repression, hin zur Prävention. Das drohende Verbrechen wird ebenso fokussiert wie das schon begangene, die Prävention soll verstärkt werden.

Nach den Plänen des IGF sollen Noch-Nicht-Täter in Therapieprogrammen sozialisiert werden, Anti-Aggressions-Trainings erzieherisch wirken, Sexual- und Gewaltstraftäter in Intensiv-Therapieprogrammen erfasst werden. Zahlreiche Täter werden nur mit der Weisung „Psychotherapie" entlassen.

Die Straftäterbehandlung gehört zu den schwierigsten Feldern der Psychotherapie. Viele Klienten stammen aus traumatischen Familienverhältnissen, sind schon seit der Kindheit auffällig und haben schwere Persönlichkeitsstörungen entwickelt.

Doch Faktum ist: Hochspezialisierte forensische Psychotherapie senkt das Rückfallsrisiko, das IGF ist ein effektiver Partner der Kriminaljustiz.

Seit 2003 hat das IGF die Trägerschaft über das Forensisch Therapeutische Zentrum Wiens übernommen. Dieses bietet Straffälligen oder Menschen, die gefährdet sind, Straftaten zu begehen, professionelle Hilfe. Infos unter www.ftzw.at und Tel. 214 19 43.

Eine besondere Tochter

....

Anna Freud (1895–1982)

Der Schatten berühmter Väter ist bekanntlich groß und dunkel, und nur wenige schaffen es, sich aus diesem herauszubewegen. Eine andere Möglichkeit, diesen Schatten zu bewältigen, ist, ihn zu verwalten. So trat auch Anna, ähnlich eigentlich wie Erika Mann bei ihrem Vater Thomas, das geistige Erbe als Bewahrerin der „reinen Lehre" und als Nachlassverwalterin ihres Vaters an.

Wobei dieser Weg von Anna nicht von Anfang an vorgezeichnet war. Paula Fichtl, die langjährige Haushälterin der Familie Freud, berichtet in ihren Erinnerungen, dass Anna ein sehr verspieltes und lebhaftes Kind gewesen ist. Sie ist das jüngste der sechs Kinder und Freud schreibt, nicht ohne väterlichen Stolz über so viel Eigensinn der Tochter, dass sie „geradezu schön wird vor Schlimmheit".

Anna, die eine sehr gute Ausbildung genießt, ist viel mit ihrem Vater unterwegs. Sie sind ein gut aufeinander eingespieltes Reiseteam. Mit 15 beginnt sie dann auch, angeregt durch die Gespräche mit Freud, seine Werke zu lesen. Der Weg zur Analytikern scheint jetzt vorgezeichnet. Tatsächlich wird Freud das von ihm aufgestellte Gebot, eigene Verwandte aufgrund von Befangenheit und zu großer Intimität nicht zu analysieren, auch bei ihr außer Kraft setzen. Sie beginnt also, nach Abschluss der Ausbildung zur Volksschullehrerin die Analyse beim Vater. Als Volksschullehrerin, der großes pädagogisches Talent im Umgang mit Kindern bescheinigt wird, eröffnen sich ihr nun neue Wege, um die Psychoanalyse einzusetzen bzw. zu erweitern.

Sie schreibt über die Anwendbarkeit der Psychoanalyse im pädagogischen Bereich und über Techniken der Kinderanalyse. In ihrem Buch „Das Ich und die Abwehrmechanismen" fasst sie die Erkenntnisse ihres Vaters noch einmal sehr prägnant zusammen, erweitert und differenziert auch einiges, und liefert so eine dichte Beschreibung analytischer Techniken und Prozesse. Das Buch zählt noch heute zur Pflichtlektüre der tiefenpsychologischen Praxis.

Durch die Betonung der Ich-Funktionen bewegt sie sich weg von den traditionellen Grundlagen der Psychoanalyse, wie etwa der Triebtheorie, und schafft damit die Basis der späteren Ich-Psychologie. Das Exemplar, das sie ihrem Vater zu dessen 80. Geburtstag überreichte trägt die ironisch gemeinte Widmung: „Das Bücherschreiben als oberstes Abwehrmittel gegen die Gefahren von innen und außen."

Als der Vater an Krebs erkrankt, ist er auf Annas Hilfe und Pflege zunehmend angewiesen. Sie stellt ihre eigene Arbeit zurück und begleitet ihn auf Reisen, bei Vorträgen und zu den zahlreichen Gaumen- und Kiefernoperationen.

Schließlich, im Jahr 1938, organisiert sie die Flucht der Familie nach England, und gibt dort auch Freuds „Gesammelte Werke" heraus.

In England wird Anna Freud Lehranalytikern der britischen psychoanalytischen Gesellschaft und gründet gemeinsam mit Dorothy Burlingham-Tiffany das Kriegskinderheim „Hampstead War Nurseries", in dem traumatisierte Kinder behandelt werden. Das Heim wird später zur Klinik und Anna Freud Direktorin. Neue Erkenntnisse über kindliches Erleben werden dort gesammelt und ausgewertet werden.

Mit hoher Souveränität formuliert Anna Freud dann auch die Erweiterung und Vertiefung der psychoanalytischen Theorie in Bezug auf Kinder und Jugendliche und wird, gemeinsam mit Melanie Klein, als Begründerin der Kindertherapie gesehen.

Nach dem Zweiten Weltkrieg erhält Anna Freud zahlreiche Ehrendoktorate, 1972 würdigt sie auch ihre Geburtsstadt Wien mit einem Ehrendoktorat für Medizin. Die Achtung, die sie erfährt, will sie nicht als Würdigung ihrer Person betrachten, sondern, wie ihr Vater, als Anerkennung der Psychoanalyse. Am Ende ihres Lebens wird sie, fast bis zur Selbstaufgabe bescheiden, verlautbaren: „Alles was man über mich einmal sagen kann, lässt sich in einem Satz zusammenfassen: „Sie verbrachte ihr Leben mit Kindern".

Der Anna-Freud-Kindergarten wurde auf Initiative von Dr. Hannah Fischer 1981 – als Wahrzeichen für das Wirken von Anna Freud – in Gersthof eröffnet. Hier bilden Kindergartenalltag, Forschung und Lehre nach wie vor eine gelungene Symbiose. Die Forschungsarbeit wird seit vielen Jahren eng vom Psychoanalytiker Dr. Karl Purzner begleitet.

Die soziale Buchhalterin

••••••••••••••••••••••••••••••

Marie Jahoda (1907–2001)

Wieviel Arbeit braucht der Mensch? So viel, dass er den Kontakt zur gesellschaftlichen Realität nicht verliert, meinte die Sozialforscherin und Psychoanalytikerin, Marie Jahoda. Aufgewachsen in einer großbürgerlichen jüdischen Familie im Wien der 20er-Jahre, die sie selbst als lebensfroh, künstlerisch interessiert und politisch aufgeschlossen beschreibt, ist sie eine Anhängerin der Theorien Freuds und Adlers, der vor allem ihre gesellschaftskritische Überzeugung ansprach. Ihre Mutter besteht darauf, dass ihre beiden Töchter, Rosi und Marie, die gleiche Ausbildung bekommen wie ihre Söhne – eine sehr fortschrittliche Haltung für die damalige Zeit. Ihr Haus in der Seidlgasse 22 wird zum beliebten Treffpunkt der Freunde ihrer Kinder. Marie tritt dem von Paul Lazarsfeld gegründeten Verein Sozialistischer Mittelschüler bei und wird bald zur Vorsitzenden gewählt. In einer flammenden Rede greift sie das elitäre Schulsystem an und tritt für eine frei zugängliche Schule ein, was sich mit einem „Gut" in Betragen im Maturazeugnis auswirkt. Marie beginnt neben einer zweijährigen Ausbildung zur Volksschullehrerin mit dem Studium der Psychologie bei Charlotte und Karl Bühler, den renommiertesten Psychologen an der Universität Wien. Gemeinsam mit ihrem Mann, Paul Lazarsfeld, und Hans Zeisel verfasst sie die Studie „Die Arbeitslosen von Marienthal", die erste große Untersuchung zu den Auswirkungen von Arbeitslosigkeit. Beispiellos ist die Methode der teilnehmenden Beobachtung. Das allgemeine Forschungsergebnis besteht in dem Nachweis, dass Arbeitslosigkeit zu einer resignierten Haltung des Individuums und seiner Familie führt und das Gemeinschaftsleben eines ganzen Dorfes zum Erliegen bringt. 1932 promoviert die „soziale Buchhalterin" bei Charlotte Bühler und wird zur Direktorin der Wirtschaftspsychologischen Forschungsstelle. 1936 wird sie als linke Untergrundkämpferin verhaftet und kommt neun Monate lang in Einzelhaft. Aufgrund internationaler Fürsprache wird sie aus der Haft entlassen, jedoch des Landes verwiesen. Darauf emigriert sie in die USA, wo sie gemeinsam mit Max Horkheimer an einer Studie über „Autorität und Familie" arbeitet. Als Professorin für Sozialpsychologie sind ihre Themen: die Frau am Arbeitsplatz, die Definition psychischer Gesundheit, der Antisemitismus und vor allem die Prognose sozialer Entwicklungen. Akademische Wertschätzung erfährt sie in der angelsächsischen Welt, im Nachkriegsösterreich hatte man sie vergessen.

Erst ab den 70er-Jahren, mit einer kulturellen Liberalisierung und der universitären Modernisierung, zeigt eine neue Generation Interesse an der „großen alten Dame der Soziologie". Sie reagiert kritisch: „... all das Schreiben über mich in Österreich scheint mir eine indirekte Bestätigung, dass nicht viel Neues geschaffen wird. Einige meiner Arbeiten sind gut und verdienen auch gegenwärtiges Interesse, aber nicht so viel, wie ihnen gezollt wird. Was geht bloß in der Gegenwart vor, wenn so eine Konzentration auf die Vergangenheit ist?"

Buchtipp: Marie Jahoda: „Ich habe die Welt nicht verändert."
Campus Verlag, Frankfurt/Main 1997.

Ein Traum am Cobenzl

······························

Schloss Belle Vue

Der Cobenzl ist Wiens grüne Lunge. Über die Himmelsstraße gelangt man auf eine Anhöhe zum heute bereits abgerissenen Schlosshotel Belle Vue. Das Hotel war um die Jahrhundertwende ein sehr beliebtes Ausflugsziel und die Freuds verbrachten einige Sommer dort. An dem Platz, wo einst das Hotel stand, findet man heute einen Gedenkstein, der aus einem Brief Freuds an seinen Freund Fließ zitiert: „Hier enthüllte sich am 24. Juli 1895 dem Dr. Sigm. Freud das Geheimnis des Traumes".

Freud war 1895 39 Jahre alt. Er hatte mit Breuer die Studien zur Hysterie veröffentlicht und arbeitete als Arzt in der Berggasse. Und dann hatte Freud, auf Sommerfrische am Cobenzl, in jener Nacht einen ganz bestimmten Traum, der ihn scheinbar so fesselte und beschäftigte, dass er ihn einer eingehenden Deutung unterzog. Die Selbstanalyse muss der Patientenanalyse vorausgehen, dachte sich Freud. Fünf Jahre später, im November 1899, war sein frühes Hauptwerk „Die Traumdeutung" fertiggestellt und wurde, der neuen Zeit wegen, die ein neues Jahrhundert einläuten sollte, auf 1900 vordatiert.

Die Traumdeutung nennt Freud die *via regia,* den Königsweg zum Unbewussten. Wenn man den Träumen folgt, also den Pfaden ins Unbewusste, dann kann man vielleicht indirekt etwas über diese dunkle Seite der Seele erfassen. Freud wollte eine „psychologische Technik" finden, die es gestatten sollte, Träume zu deuten, und dass bei der „Anwendung dieses Verfahrens jeder Traum sich als ein sinnvolles psychisches Gebilde" herausstelle.

Freud ging es daher in erster Linie um die innere Wirklichkeit des Traumes und des Träumenden. Äußere Einflüsse und Tagesreste wollte er bewusst vernachlässigen. Freud meinte, dass gerade im Schlaf die Zensuren des Über-Ichs stark eingeschränkt seien, dass sich der Mensch also im Traum, vorwiegend aber das Es, freier entfalten konnte. Seine erste Grundannahme war daher, dass jeder Traum seinem Wesen nach ein verdeckter Triebwunsch sei, der nach einer, meist sexuellen, Wunscherfüllung dränge.

Da aber die moralische Zensurinstanz des Über-Ichs im Traum nicht ganz ausgeschaltet ist, und weil ein solcher gesellschaftlich nicht vertretbarer Wunsch schnell geahndet werden muss, wird dieser erste Traum- oder Wunschimpuls noch während des Träumens umgewandelt. Aus dem ersten Trauminhalt wird durch verschiedene innerpsychische Verfahren wie Verdichtung oder Verschiebung – Freud entwirft hier einen übersichtlichen Katalog –, ein zweiter, ein sozusagen öffentlich herzeigbarer Trauminhalt. Freud nennt diesen erinnerten Traum den manifesten, in dessen Kern aber noch der ursprüngliche, der latente, schlummert, der über freies Assoziieren des Patienten herauszuarbeiten ist. Diesen Umwandlungsprozess bezeichnet Freud als „Traumarbeit".

Man vergisst oft, dass Freud gerade in „Die Traumdeutung" zum ersten Mal seine großen Theoriefelder der psychoanalytischen Methode und so geläufige und umstrittene Phänomene wie den „Ödipus-Komplex" vorstellt. In „Die Traumdeutung" wird die Psychoanalyse zur einer Tiefen-

psychologie, die versucht, in die Tiefenschichten der Seele vorzudringen.

Wie es bei so manchen bahnbrechenden Werken der Fall ist, wurde auch dieses erste Hauptwerk Freuds in den ersten Jahren nach seiner Veröffentlichung kaum zur Kenntnis genommen. Und auch bissige und anfeindende Kommentare blieben Freud nicht erspart. Dabei kann jener Satz von Karl Kraus „Ihm gebührt das Verdienst, in die Anarchie des Traums eine Verfassung eingeführt zu haben. Aber es geht darin zu wie in Österreich", fast schon als Kompliment gewertet werden.

Die Bellvuewiese ist heute ein beliebter Picknickplatz mit einem einzigartigen Blick über Wien. Empfehlenswert ist auch ein kleiner Spaziergang zum nahe gelegenen Lebensbaumkreis beim Oktogon. Informationen unter www.himmel.at

Selbst-Konzepte

Heinz Kohut (1913–1981)

Zeitzeugen berichten, dass in Döbling, in dem Bezirk, in dem Heinz Kohut aufwuchs, die Schergen der SA auf ganz besondere Weise den Anschluss an Hitlerdeutschland vollführten. Sie trieben die jüdischen Kinder und Jugendlichen aus dem Döblinger Gymnasium, und der bürgerliche Mob beschimpfte und demütigte sie als „Untermenschen" und „Reichsschädlinge".

Das war 1938. Heinz Kohut hatte das große Glück gehabt, noch kurz vor dem Anschluss sein Medizinstudium abzuschließen. So war er, selbst jüdischer Herkunft, gerüstet für seine Flucht aus Wien. Eine Legende erzählt, dass Kohut noch den greisen, ebenfalls aus Wien emigrierenden Sigmund Freud am Bahnhof gesehen haben will. „Als der Zug anfuhr, traten wir näher, und zogen unsere Hüte vor Freud. Er sah uns, zog seine Reisemütze und winkte uns zu."

Ein Jahr später trat auch Kohut die Flucht nach vorne an. Über England ging es in die USA, wo er schließlich, Mitte der 60er-Jahre, zum Präsidenten der amerikanischen psychoanalytischen Vereinigung avancieren sollte.

Mit der Emigration aus Wien war ein Kapitel seines Lebens abgeschlossen, das prägend für den jungen, aus bürgerlichem Hause stammenden Juden Kohut gewesen war. Seine Kindheit in einem Döblinger Einfamilienhaus wird, da seine Eltern ob ihrer gesellschaftlichen Verpflichtungen oft abwesend waren, als traurig und von Einsamkeit geprägt beschrieben. Mitschüler erinnern sich an einen „stillen Buben mit großem literarischen Interesse, der aber auch sehr sportlich war". Betrachtet man das Maturafoto aus dieser Zeit, so sieht man den jungen Kohut, mit hoher Stirn, im grauen Anzug, mit stark gewelltem dunklem Haar und einem verrutschten Krawattenknopf ernst in eine unbestimmte Ferne blickend. Der Maturant scheint Teil eines Schulabschlussrituals zu sein, dem er nicht wirklich angehört.

Amerika war für Kohut nicht nur Einwanderungsland, dort sollte er auch Karriere machen und eine eigenständige selbstpsychologische Richtung der Psychoanalyse begründen. Was Freud im Rahmen der psychoanalytischen Methode und ihrer Reichweite abgelehnt hatte – die Behandlung massiver narzisstischer Störungen – hielt Kohut für möglich. Seine bahnbrechende Studie „Narzissmus" gilt heute noch als Meilenstein der Forschung. Kohut zeigt darin, dass die Psychoanalyse auch bei schweren Persönlichkeitsstörungen anwendbar ist. Später erweiterte er sein Narzissmuskonzept, 1977 erschien es in New York im Buch „Die Heilung des Selbst". In seinem Begriff des „Selbst" geht Kohut über das Drei-Instanzen-Modell, – das Es, das Ich und das Über-Ich – hinaus. Das Selbst wird umfassender verstanden, als eine psychisch-soziale Identität, die gerade auch von den Einstellungen und Vorstellungen anderer, die man in sich aufgenommen hat, bestimmt und getragen wird. Das heißt, dass die Beziehung zu anderen, im Gegensatz zu vorwiegend innerpsychischen Konflikten, mehr Gewicht bekommt. Kohut unterscheidet diesbezüglich zwischen einem gesunden und einem pathologischen Narzissmus, wobei der pathologische die Bedeutung und Großartigkeit des Ichs vortäuschen muss, um nicht in Depression und Minderwertigkeit zu fallen. Der Narzissmus wird dadurch zu einer kompensatorischen Größe von in der Kindheit erworbenen Defekten.

Kohut war, so wird berichtet, ein großer Impulsgeber und hat für den analytischen Prozess jene psychischen Strukturen und Erfahrungen zugänglich gemacht, die im Kind entstehen, lange bevor es noch zwischen sich selbst und seiner Umwelt unterscheiden kann. Kohut stirbt 1981 in Chicago.

Das Döblinger Gymnasium hat als eines der wenigen Gymnasien in Wien einen Schwerpunkt „Holocausterziehung". Neben der Auseinandersetzung mit der NS-Zeit und der notwendigen historischen Aufarbeitung ist der Schulleitung dabei auch der Transfer in die Gegenwart wichtig. Die Schüler können so ein historisches Bewusstsein ausbilden und offenen Auges sowie kritisch durchs Leben gehen.

Der neue Mensch

Oskar Spiel (1892–1961)

Das Gefühl der Minderwertigkeit, das, sagt Alfred Adler, jeder Mensch in sich trägt und durch fehlgeleitete Erziehung noch verstärkt werden kann, ist der Grundmotor unserer Existenz. Ständig sind wir aufgrund dieser Minderwertigkeit bemüht, etwas zu gelten, Selbstwert zu erhaschen und über uns selbst hinauszuwachsen. Eine Intention, die Adler und seine Schüler als Kompensation bezeichnen. So schlecht, meinte Adler, ist aber diese Kompensation nicht, hat sie doch eine Vielzahl an Leistungen für die Mitmenschen hervorgebracht. Problematisch wird das Ganze, wenn die Kompensation in eine Überkompensation übergeht, also pathologisch wird. Die angestrebte Macht führt bei der Überkompensation in Richtung Unterdrückung und Faschismus.

Oskar Spiel, ein Schüler Adlers, hat diese Verfolgung in der Nazizeit miterlebt. Er, der als engagierter Lehrer, Individual- und Tiefenpsychologe und Schulreformer in der Zwischenkriegszeit aufgetreten war, musste bis 1945 um sein Leben fürchten.

Oskar Spiel hatte sich zunächst, nach seiner Lehrerausbildung, dem Kreis um Freud angeschlossen. 1922 sah er sich als Lehrer mit einem ambitionierten Bildungsauftrag bei Alfred Adler und der Individualpsychologie besser aufgehoben. Gerade Adler war es, dem eine umfassende, praktische Anwendung seiner tiefenpsychologischen Richtung vorschwebte.

In seinem Konzept des „Heilens und Bildens" sah Adler eine wichtige Vorbeugungsmaßnahme gegen totalitäre Regimes. Gerade das Gemeinschaftsgefühl und die Fähigkeit zur Kooperation sei eine wichtige Gegenmaßnahme gegen „ichhaftes Machtstreben", schrieb auch Oskar Spiel in seinem wichtigsten Werk dem „Schaltbrett der Erziehung" (1947). Appelle an die Moral würden, das wisse er, Oskar Spiel, aus eigener Erfahrung, nichts gegen den Faschismus ausrichten. Einzig die Bewusstmachung unbewusster innerer Tendenzen und Strömungen würden den Kern des wahren und kooperativen Menschseins freilegen. Im übertriebenen Geltungsstreben selbst liege die tief verborgene Dynamik einer misshandelten Psyche.

Prävention war ihm daher wichtig. Als fruchtbar kann diesbezüglich die Zwischenkriegszeit mit ihren Bildungs- und Beratungseinrichtungen angesehen werden. Der „Verein für Individualpsychologie, – Oskar Spiel war Mitbegründer –, verfügte über 22 solcher Einrichtungen, in denen niederschwellig und kostenlos verhaltensauffällige Kinder und Jugendliche behandelt wurden. Nach einer Statistik wurden 74 Prozent der Klienten als „geheilt" entlassen.

Oskar Spiels Bemühungen wurden entsprechend auch nach dem Ende der Nazizeit gewürdigt. Er durfte 1946 wieder eine nach individualpsychologischen Maßstäben geführte Versuchsschule, der er bis 1960 vorstand, aufbauen. 1951 erhielt er die verdiente Professur.

Seit 1988 hat die Wiener individualpsychologische Reformpädagogik eine Institution: die Oskar-Spiel-Schule, eine öffentliche Volksschule mit tiefenpsychologischer, integrativer Grundausrichtung. Informationen unter www.oskarspielschule.schulweb.at

Hilfe zur Selbsthilfe

∙∙∙∙∙∙∙∙∙∙∙∙∙∙∙∙∙∙∙∙∙∙∙∙∙∙∙∙∙

Rudolf Ekstein (1912–2005)

In der Regel reiste Rudolf Ekstein, Psychotherapeut, Lehr-analytiker, Supervisor und Pädagoge, aus Los Angeles kom-mend, im Frühsommer für einige Wochen in seine alte Hei-matstadt Wien, um, wie er sagte, „Besprechungen abzu-halten und Erinnerungen aufzufrischen".

1937 hatte er noch in der Studienrichtung „Psychologie, Philosophie und Geschichte" promovieren können und sich danach zu einer Ausbildung am Wiener Psychoanalyti-schen Institut eingeschrieben. Es war eine Zeit, in der eine geistige Elite an Intellektuellen an den Universitäten und Bildungseinrichtungen ihre Vorlesungen und Seminare abhielt. Auch Ekstein hatte in allen Fächern bedeutende Lehrer. Sie reichten in der Philosophie von Moritz Schlick bis Rudolf Carnap (Wiener Kreis) über Charlotte Bühler bis Anna Freud in der Psychologie. 1937 war Wien noch ein fruchtbarer Boden gewesen. Dann kamen die Nazi – die große Flucht begann und der Boden verdorrte.

Ekstein emigrierte in die USA und setzte dort an der Social Works School seine Studien fort.

Aufsehen erregte er mit seiner Behandlung von therapeuti-schen Grenzfällen wie autistischen oder stark psychoti-schen Kindern oder Kindern, die unter dem Borderline-Syndrom litten. Sich selbst auch zurücknehmend, versuchte er sich immer wieder in diese Kinder einzufühlen und die Welt aus ihrer Perspektive zu betrachten.

Diese Vorgehensweise und dieses humanistische Menschenbild hat auch das Rudolf-Ekstein-Zentrum, ein sonderpädagogisches Zentrum für integrative Betreuungsformen, in Wien übernommen.

Im Mittelpunkt steht der Schüler, steht das Kind, als ein „verletztes und verletzbares System" in seiner Gesamtheit. Das Unvermögen, entsprechende Lernerfolge zu erzielen oder soziale Kompetenzen zu entwickeln, ist nicht Ausdruck eines Unwillens, sondern vielmehr von Defiziten und Hemmungen in der sozialen und emotionalen Entwicklung.

Das Rudolf-Ekstein-Zentrum versucht diesen Ansatz unter anderem dadurch zu verwirklichen, indem man den Kindern jene Zeit und jenen Raum lässt, den sie für ihre individuelle Reifung auch tatsächlich benötigen. Dabei werden nicht nur die neuesten Erkenntnisse der Psychagogik, also der von Ekstein mitbegründeten Verschmelzung von Pädagogik und Psychologie, berücksichtigt, sondern es gilt auch der Grundsatz, den der Namenspatron prägte, dass in erster Linie nur „Beziehung heilen kann".

Rudolf Ekstein wurde spät, aber doch von seiner „alten Heimatstadt" gewürdigt. 1995 erhielt er das Ehrendoktorat für Medizin an der Universität Wien und 1999, im Rahmen der Gründung des Rudolf-Ekstein-Zentrums, den Goldenen Rathausmann.

Sein wissenschaftliches Lebenswerk umfasst 440 Publikationen, darunter „Children of Time and Space, of Action and Impulse" (1966, auf deutsch 1973: „Grenzfallkinder") und „From Learning for Love to Love of Learning" (1969).

Ver-rückte Schöpfer

•••••••••••••••••••••••••••••

Das Art/Brut Center Gugging

Es begann 1954 mit einem Experiment des damaligen Leiters der Männerabteilung in der psychiatrischen Anstalt Gugging. Der junge Arzt ließ seine Patienten nach bestimmten Regeln zeichnen. Das erstaunliche Ergebnis waren Werke von so hoher Qualität, dass der Initiator vor allem unter zeitgenössischen Künstlern und Schriftstellern Aufsehen erregte. August Walla, Johann Hauser, Oswald Tschirtner sind inzwischen weltweit bekannte Künstler, ermöglicht und gefördert hat das ihr Mentor Leo Navratil, ein hagerer Psychiater, der „Herr Primar" aus Gugging, markant durch seine buschigen Augenbrauen und bekannt als Wegbereiter der Gugginger Künstlerenklave. Navratil legte dar, das manche schizophrene Kranke zu erstaunlichen schöpferischen Leistungen fähig sind. Selbst Menschen die vor ihrer geistigen Erkrankung niemals kreativ tätig gewesen sind und keinerlei Ausbildung genossen haben, produzieren Zeichnungen und Malereien von frappierender Originalität. Die schöpferische Leistung dieser Kranken war für Navratil „ein Krankheitssymptom, ... ein Restitutionsversuch innerhalb des Krankheitsgeschehens".

„Zustandsgebundene Kunst" nannte er diese Form der Kunsttherapie, was der französische Künstler Jean Dubuffet als „Art Brut" bezeichnete, die kreativen Schübe der Verrückten und Geisteskranken, denen man hinter österreichischen Psychiatriemauern wenigstens das

Malen, Zeichnen und Schreiben gestattete. Das Resultat: Ver-rückte Schöpfungen.

In zwei Büchern „Schizophrenie und Kunst" und „Schizophrenie und Sprache – Zur Psychologie der Dichtung" beschrieb er bald die zeichnerische und sprachschöpferische Potenz „seiner" Gugginger Künstler. Er habe Patienten instrumentalisiert, wird ihm später vorgeworfen, tatsächlich aber hat er das, was einst als „Narrenkunst" verunglimpft wurde, gefördert und bewahrt, und im Rahmen einer offenen Psychiatrie einer skeptisch-staunenden Öffentlichkeit vermittelt. 1981 erfüllte sich sein Wunsch nach einem getrennten Wohnbereich. 18 Patienten zogen in den Pavillon 11 auf einem Hügel am Rande der Klinik

Sein Nachfolger, der Künstler und Arzt Dr. Johann Feilacher, leitete schließlich den entscheidenden Wechsel in der Wahrnehmung dieser Patienten ein, er benannte den Pavillon in „Haus der Künstler" um. Die Bewohner des Hauses waren fortan offiziell Künstler, ihre Krankheit trat in den Hintergrund. Feilacher förderte die Präsenz ihrer Kunstwerke, gab Kunstbände heraus und organisierte Ausstellungen. Dazu gehörte, dass sich auch die Preise für die Kunstwerke an den üblichen Marktpreisen orientierten, die Künstler sollten noch zu Lebzeiten etwas davon haben.

Seit 2006 gibt es das Art/Brut Center Gugging, das drei künstlerische Konzepte vereinigt: Das Haus der Künstler, das Museum Gugging mit der Galerie und das Offene Atelier Gugging. Die ständige Sammlung des Museums zeigt auf 700 Quadratmetern Meisterwerke aus der Privatstiftung – Künstler aus Gugging. Die andere Hälfte der Ausstellungsfläche vermittelt im Wechsel andere künstlerische Positionen. Arnulf Rainer reflektierte die Anstaltskunst treffend: „Wenn es einem debilen Außenseiter gelingt, durch die Qualität seines künstlerischen Werkes 99 Prozent der professionellen Maler zu degradieren, wenn es Infantilität ermöglicht, so intensiv zu gestalten, dass Werke von hohem Rang entstehen, die die gebildete Kunst in manchen Aspekten überholen, hat das Konsequenzen, sowohl für des Künstlers Selbstbewusstsein als auch für das Problem seines sozialen Status und seiner eigenen Rollendefinition. Intelligenzquotient und Bildungsniveau soll man sowieso im Zusammenhang mit der künstlerischen Kreativität vergessen."

Das Atelier Gugging ist ein offenes künstlerisches Atelier für Menschen mit und ohne Psychiatrieerfahrungen oder Behinderungen. Um Voranmeldung unter info@gugging.org oder 0676/84 11 81 215 wird gebeten.

PERSONENREGISTER

SACHREGISTER

Umwege erhöhen die Ortskenntnis.

Alfred Andersch

Die neue Buchreihe unserer Stadt!

Sigmund Freud Museum
Berggasse 19
1090 Wien
Täglich 9 – 17 Uhr
1. Juli – 30. September 9 - 18 Uhr
www.freud-museum.at

Sigmund Freud
PrivatUniversität Wien

Schnirchgasse 9a
1030 Wien
Tel 01 798 40 98
Fax 01 798 40 98 20

**SIGMUND FREUD PRIVAT-
UNIVERSITÄT WIEN (SFU)**
www.sfu.ac.at

Die Sigmund Freud Privat-
Universität Wien bietet erstmals weltweit ein staatlich
akkreditiertes Studium der
Psychotherapiewissenschaft
auf Bakkalaureats-, Magis-
ter- und Doktoratsebene an.
Die Psychotherapiewissen-
schaft ist ein Studium, in
dem Theorie, Selbsterfah-
rung, Supervision und kon-
krete Arbeit mit PatientInnen
in der SFU-Ambulanz ver-
schränkt sind. Die SFU hat
auch eine Niederlassung in
Paris (www.sfu-paris.fr).

Stiftung Erwin Ringel Institut
Severingasse 3/7, 1090 Wien
Tel 4054217, Fax 4037945
ringelinstitut@chello.at, www.erwinringel.at

Vereinigung	Association
Rogerianische	for Rogerian
Psychotherapie	Psychotherapy

- Ausbildungseinrichtung für Personenzentrierte Beratung
  und Psychotherapie nach C. Rogers:

- Psychotherapeutisches Propädeutikum (Elearning)

- Fachspezifische Ausbildung

- Weiterbildungslehrgänge

- Kinder- und Jugendlichenpsychotherapie (Spieltherapie)

- Vermittlung von Beratung und Psychotherapien

Alle Informationen in diesem Buch wurden von Autor und Lektorat sorgfältig geprüft und stammen aus sicheren Quellen. Trotzdem können sich Änderungen ergeben, und inhaltliche Fehler oder Auslassungen sind nicht völlig auszuschließen. Für eventuelle Fehler können der Autor, der Verlag und seine Mitarbeiter keinerlei Verantwortung und Haftung übernehmen.
Ihre Meinung ist uns jedoch wichtig, daher freuen wir uns über Rückmeldungen, Ergänzungsvorschläge, Tipps und Korrekturen. Schreiben Sie uns an: info@metroverlag.at

Hannes Doblhofer, ist Psychotherapeut, Sozialpädagoge, Trainer, Supervisor und Lehrbeauftragter der Universität Wien. Bekannt als Ö1-Radioredakteur für diverse Features und das Radiokolleg, publiziert er über Wissenschaft / Kultur / Musik in zahlreichen in- und ausländischen Print- und elektronischen Medien. www.doblhofer.org

Dank an Ulrike Spann, Josef Bittner, Klemens Gruber, Reinhard Liebe, Gernot Sonneck und Josef Trimmel.
Besonders aber an Frederike Demattio für ihre ermutigende Beharrlichkeit und ihr großes Engagement.
Ebenso an die AutorInnen des Buches „Wien, wo sonst ! Die Entstehung der Psychoanalyse und ihrer Schulen" (Wien 1994) für ihre präzise Recherchen, die mir wichtige Impulse und Hinweise gegeben haben.

Mit freundlicher Unterstützung

der Kulturabteilung der Stadt Wien,
Wissenschafts- und Forschungsförderung

Bildnachweis:
Der Verlag dankt allen Rechtsinhabern für die freundliche Reproduktionsgenehmigung jener Werke, die nach dem Urheberrecht noch geschützt sind. Da in einigen Fällen die Inhaber der Rechte nicht zu ermitteln waren, werden rechtmäßige Ansprüche nach Geltendmachung vom Verlag abgegolten.
Coverfoto: Imagno/Brandstätter Images
Österreichische Nationalbibliothek: S. 4, 33, 59
Archiv Metro – Verein für Stadtforschung: S. 11, 13, 25, 35, 53, 61, 77, 111
Melanie Klein Trust: S. 17
Archiv Sanatorium Bellevue Kreuzlingen: S. 77
Stiftung Erwin-Ringel-Institut: S. 81

© **2009 Metroverlag**
verlagsbüro w. gmbh
www.metroverlag.at
Alle Rechte vorbehalten
Gesamtherstellung: CPI Moravia Books Gmbh
Printed in the EU
ISBN 978-3-902517-20-3